なぜ歴史を学ぶのか

リン・ハント 著
長谷川貴彦 訳

Lynn Hunt
History: Why it Matters

なぜ歴史を学ぶのか

岩波書店

HISTORY
Why It Matters

by Lynn Hunt

First published 2018 by Polity Press Ltd., Cambridge.
This Japanese edition published 2019
by Iwanami Shoten, Publishers, Tokyo
by arrangement with Polity Press Ltd., Cambridge.

目次

第1章　空前の規模で

　どちらを向いても、歴史が争点化している。政治家は歴史的事実について嘘をいい、歴史的記念碑の撤去や存続をめぐって衝突する集団もある。役人は歴史の教科書の内容について絶えず監視をおこない、真実和解委員会が地球規模で急増している。歴史博物館の急速な増大が示しているように、私たちは歴史に取り憑《つ》かれた時代に生きているのだ。しかし、現代はまた歴史的真実についての深い懸念が示される時代でもある。歴史について嘘をつくことが簡単であるとしたら、記念碑や歴史教科書が何を伝えるべきかについて大きく見解が分かれるとしたら、真実和解委員会が過去についての真実を掘り起こすことが必要であるとしたら、歴史について何らかの確実なものに到達できるのであろうか。歴史遺産が制定され歴史団体が設立されるのは、論争を喚起したり、心を慰めるためであったり、あるいは、単に気晴らしにすぎないのだろうか。歴史を学ぶ目的とは何なのだろうか。本書ではそうした問題を提起して、それに対するいくつかの解法を提供したいと思う。本書は、泥沼状態にある問題すべてを解決しようとするものではない。なぜなら、歴史学というものは、定義からして発見の過程であって確立した教義ではないからである。しかし本書は、いまや歴史学がかつてないほどに重要となっているのを示すことになろう。

嘘つき

歴史についての嘘という点では、最も際立った事例を取りあげてみよう。そのなかで不動産業者ドナルド・トランプが注目をあびるようになったのは、二〇一二年のことだった。トランプは、当時のバラク・オバマ大統領が合衆国生まれではなく、したがって非合法に選ばれた大統領だと論難したのである。オバマが出生証明書を提出してハワイ州の生まれであることを立証すると、何の証拠もなく、トランプは出生証明書がまがいものであるかもしれないとすぐに言い返した(1)。二〇一六年の大統領選でのトランプは突然戦略を変えて、オバマがアメリカ生まれであることを認めた。みずからが捏造《ねつぞう》に一役買った論争を終わらせることで、賞賛されようとしたのだった。そのいかさま論争は、もはや多くの人を引きつけるものではない。しかし、ほかにも事実や真実を無視する論争が引き続きおこなわれている。最も有名なものは、ホロコーストの否認をめぐるものである。

ヨーロッパの極右の政治家や少数の著述家は、一九三三年から一九四五年にいたる計画的な六〇〇万人のユダヤ人虐殺の事実を否認することで、つかのまの名声を手に入れようとしてきた。否認はさまざまな形態をとりうる。死んだ人間は六〇〇万人よりもずっと少ないだとか、ヒトラーやナチスは虐殺に関する公式の計画をもっていなかったなどと主張したり、ガス室は存在しなかったとかいうものまである。ホロコーストを否認することは、歴史について嘘をつこうとする人びとのモデルとなっている。否認の推進者は、被害者や強制収容所を解放した人びとの目撃証言の妥当性を認めようとしない。また、殺害された人びとの数や名前を確定し執行者の手段や動機を究めようとする後年の痛苦に満ちた歴史研究を拒否するのである。もちろん歴史家もホロコースト解釈においてどれが最善のものであるかをめぐって意見の一致を見ないことがありうるし、現実にそうであるとはいえ、真面目な研究者や歴史の読者ならば、そうした虐殺が意図されたものであり巨大な規模で発生したという事実を否定する者はなかろう。

しかし、山のような資料にもとづいて繰り返し論破されているにもかかわらず、また、そうした犯罪と折り合いをつけようとするドイツ政府による模範的な公式・非公式の努力にもかかわらず、ホロコーストの否認は、フェイスブックのようなソーシャル・メディアを通じて相変わらずヨーロッパや世界各地を横断して広がっている(2)。中東の国家のなかには、政府高官レベルで支持を獲得している国もある。それが反イスラエル政策の一環として有効であると見なしているからだ。二〇〇五年一二月一四日、イランのマフムード・アフマディネジャド大統領は、ホロコーストを「神話」であると呼んだ。イランの公式の報道機関は、まるでそうした発言がなかったかのように演説の録画から取り除いていた。したがって、ひとつの嘘をほかの嘘で置き換えたのである。(3) ホロコーストの否認は、牽強付会《けんきょうふかい》なものであれ、根拠のないものであれ、一定の効果をもってきた。二〇一三年後半から二〇一四年初頭にかけておこなわれた、ある国際的な調査によれば、中東や北アフリカに暮らす人びとのあいだでは、ホロコーストという言葉を耳にしたことがある人のうち、わずか五分の一しか、その歴史的根拠が正確なものであると信じていなかった。(4)

歴史についてのあからさまな嘘は、ソーシャル・メディアの影響によって、より一般的な現象となっている。インターネットが、歴史的嘘が増殖するのを可能としている。というのも、インターネット上では、事実上、事前の検閲なしに、そして一切の制裁もなく、誰でも、どのような名前でも、そしてどのような内容でも投稿することが可能だからだ。きわめて異様な主張が広範囲に流通し、ただ流通しているという理由で一定の信用を獲得している。こうした状況において、歴史的真実を主張することは、市民として勇気が要ることだが、必要な行為となっている。

歴史家たちは、世界各地でジャーナリストや小説家、野党指導者などが受けている、殺害の脅迫、ファトワ〔イスラーム法学者が行為の可否などについて示す見解、裁定〕、現実の暗殺などに晒《さら》されることは滅多にない。しかし、しばしば歴史家は論争の中心にいることに気づかされる。権威主義的政府は、不都合な真実を主張することで知られている歴史家という存在を好まない。フランスの大衆的な歴史家であるジュール・ミシュレは、一八五一年にルイ・ナポレオン・ボナパルトの政権によって教職を解雇された。なぜなら、彼の熱のこもった講義中に学生たちが反政府のスローガンを叫んだからだった。警察は秘密裏に諜報員を派遣して授業に参加させ、彼の名声を貶《おとし》めようと講義ノートに手を加えたものを公開したのだった。臆病にもミシュレの同僚の幾人かが彼の教えを非難することに同意し、政府の行為に対する地ならしをした。その後、立法府が大統領の多選禁止規定の廃棄を求める要請を却下したので、ルイ・ナポレオンが立法府に対するクーデタを挙行すると、ミシュレは忠誠宣誓を拒否したため、国立公文書館での職を解かれた。しかし、ミシュレは、ほかの何百ものクーデタ反対派の人びとと比べれば幸運だった。彼らは逮捕され、フランス領ギアナにあるカイエンヌの流刑地に強制的に島流しになったからだ(5)。

ミシュレの例が示すように、通常は穏健な歴史家でさえ、政治的ならびに国際的な危機の時代には矢面に立つことがありうる。一九四〇年に『タイム』誌は、合衆国の定評のある歴史教科書の著者ハロルド・ラッグが、合衆国を機会が不平等であり階級闘争の土地であると描く共産主義者として非難されたと報じている。ラッグは「真のアメリカ主義」を教えていないことで「体制転覆的」であるとラベルを貼られ、彼の執筆した書物を使うのを禁じた学区もあり、あるオハイオ州の町では教育委員会の役人によって教科書が公然と燃やされたことさえあった(6)。教科書の著者、とりわけ教科書出版社は、より広範な市場へアピールするために論争を避けることなら何でもするのが常となった。しかし、ラッグの事例が示すように、歴史的真実をめぐる論争は常に見えないところに潜んでいるのである。

記念碑

二〇一七年八月中旬、南部ロバート・E・リー将軍の影像の撤去をめぐる公然とした紛争が、ヴァージニア州シャーロッツビルで暴力に発展した。解放記念公園(かつてのリー記念公園)からリー将軍の影像を撤去する市当局の決定に反対する白人国粋主義者たちは、ナチス時代を彷彿《ほうふつ》とさせるスローガンを叫びながら、松明《たいまつ》をもってヴァージニア大学のキャンパスを行進した。翌日、カウンター側の抗議者との口論が、影像そのものの近くでの大掛かりなとっくみあいの喧嘩となった。ネオ・ナチが抗議する陣営のなかに車で突っ込み、ひとりの若い女性を殺害した。精神的に不快なものの象徴と見なされたとき、この場合は人種差別主義であったが、九三年間そこにあった記念碑は強烈な感情を惹起したのだった。リー将軍の像だけではない。かつての南部諸州では、南部連合の旗や記念碑が論争の種となっているところがある。撤去を希望する人びとは、それらを現在の白人至上主義の象徴と見なしている。一方で、撤去に反対する人びとは、そのような行為を意図的な歴史の消去であるとしている。シャーロッツビルでの事件後、ノースカロライナ州のダーラム市の反ファシストは、みずから率先して南部連合の兵士の彫像をなぎ倒している。

記念碑は、アメリカ南部諸州だけの問題ではない。奴隷制賛成の政治家にちなんでつけられたという理由でカルフーン・カレッジの名称の変更を求めたイェール大学の学生のように、オクスフォード大学の学生たちも、人種主義者で指導的な帝国主義者であったという理由から、セシル・ローズの彫像の撤去を求める運動を展開した。無数の地を混乱に陥れた事例に比べた場合、こうして穏健なかたちで提起された彫像の撤去は見劣りがするものとなろう。ヒトラーの敗北後に連合国は、すべてのナチスの象徴の即座の破壊を命じている。ソヴィエト連邦の解体後に群衆は、ウクライナからエチオピアにいたる地でレーニンやスターリンの記念碑を引き倒した。サダム・フセインの銅像が、アメリカ主導の侵略戦争の最中の二〇〇三年に解体された。二〇〇八年、スペインで独裁者フランコの最後の彫像が撤去された。二世紀前に遡れば、一七七六年の独立宣言発布の数日後、ニューヨーク市民たちは英国王ジョージ三世の金ぴかの騎馬像をなぎ倒したのであった。

記念碑の破壊は「ヴァンダリズム」（芸術・文化への暴力・破壊行為）と見なされることもある。二〇〇一年にアフガニスタンでタリバンが一五〇〇年前の仏陀《ぶっだ》の石像を爆破し、二〇一五年にイスラーム国がシリアのパルミラにある二〇〇〇年前のローマ時代の遺跡をダイナマイトで破壊したとき、世界の文化遺産の無意味に見える破壊を非難する声が広まった。イスラーム戦士は偶像を破壊したのだと主張したが、それは聖像破壊主義に関する長い歴史と戦士たちを結びつけるものであった。聖像破壊主義は、イメージとりわけ宗教的イメージを宗教的理由で破壊したり、解体したりすることである。その言葉が最初に用いられたのは、ビザンツ帝国における宗教的イメージ(聖像)をめぐる七〇〇年代から八〇〇年代の紛争に対してであった。聖像破壊主義者は、キリスト教における聖像の量的拡大を拒絶し、多くの事例では、それらを撤去したり破壊したりした。一五〇〇年代のプロテスタント宗教改革の開始時、とりわけ、ネーデルラント、スイス、フランスの都市では、群衆が教会に侵入して、偶像と見なされる装飾品を破壊した。したがって、歴史は記念碑の撤去に関して複雑なメッセージを提供しているように思われる。

この曖昧《あいまい》さは、記念碑の性質に由来している。記念碑とは、記念顕彰するためにある。つまり、過去を想起し、畏敬の念を誘発し、その結果、リー将軍の像のように世俗的なものである場合でさえ、ある種の宗教的感情を必然的に組み込んでいる。しかし、記念碑は常に政治的目的のためにつくられており、教会、宗派、政党などの勢力や、南部連合のような政治的大義のいずれであろうとも、権力を主張するものである。権力と関連づけられているために、宗教的帰属や政治体制の変化は、記念碑の建立だけではなく記念碑の破壊をも頻繁にともなう。初期キリスト教会は、みずからの優越性を宣言するひとつの方法として異教の残骸やローマの寺院のうえに建立された。事実、「古代的なもの」の破壊の長きにわたる歴史は、記念碑の破壊が生活の一部であったことを示すものとなる（「古代的なもの《アンティーク》」という言葉は、イングランドで一五〇〇年代になって初めて登場する。そのことが意味しているのは、はるかなる過去の残滓《ざんし》、この場合はローマ時代やギリシアの遺跡のことであるが、それを根絶することについての新たな感覚の登場である）。

記念碑破壊のパラドックスは、一七八九年のフランス革命のなかに最も明確なかたちを取って顕《あら》われてくる。革命家自身は一七九四年に「暴力行為《ヴァンダリズム》」という言葉を発明したが、それはフランスを非キリスト教化しようとする戦闘的分子による行きすぎた熱狂的行為を非難するためであった。つまり、教会から金や銀を掠奪したり、パリのノートルダム寺院にある国王像の頭をたたき落としたり、教会を理性の神殿へと転用したりする行為を指している。教会のなかには売却され、倉庫や商館へと変えられたものもある。革命の指導者は、封建制や君主制の象徴が破壊されるのを正当化する一方で、ラテン語が書いてあるものや平等の精神と両立するものは保護されるべきだと論じていた。革命家たちは、一七九三年には、王権、教会、亡命貴族などから押収した美術品によって、すでにルーヴル宮殿に世界最初の国立の美術館を建立していた。一七九五年に革命家たちはさまざまな修道院や僧院からかき集めた彫像や墓石などで、フランスにおける記念碑の最初の博物館を開設した。要するに、暴力行為《ヴァンダリズム》と保護は手を取り合って進んだ。過去の記念碑への攻撃は、革命家たちに文化的遺産についての考察を促したのだった。憎悪の対象となる象徴も、もし芸術として再評価されるならば保護されうるものとなる。

記念碑をめぐる問題は、最終的に解決されたことはない。過去のすべてを保存できないのは、博物館で生活するのを望む人がいないからである。しかし、過去の一部は、現在との連続性の感覚を維持するために保存されねばならない。問題は、何が保存されるべきかということにある。それは必然的に政治的問題となる。私たち自身をどのように見るか、どのような過去と深く結びついているのか、過去のどの部分が保存されるべきなのか。それぞれの事例は、独自の観点から判断されねばならないし、歴史研究はそのために重要となる証拠を提示しなければならない。たとえば、リー将軍の像を依頼して建立した人びとの動機についての証拠である。その後の世代は、間違いなくその決定を再検討することになる。たとえほとんどの像が静止状態にあるとしても、歴史は停止することはない。

教科書論争

歴史教科書は、常に改訂され続けている。しかし、そのことは教科書をさらに論争的なものにしているにすぎない。二〇一五年の日本で、ひとりの東京都知事候補が主張したのは、「敗戦国としての私たちは、勝者によって強制された歴史のみを教えている」ということであった。彼は続けて言う。「再び独立国家となるには、私たちに押しつけられた歴史を乗り越えてゆかねばならない」と。彼の主張によれば、日本は第二次世界大戦において侵略者ではなく、一九三七年の中国の南京における悪名高き虐殺事件にも関与していないし、また日本軍兵士のために朝鮮半島の女性を強制的に「慰安婦」(性奴隷)にしてはいなかったことになる。(7) この論争は、新しいものではない。一〇年前の二〇〇五年には、中国と韓国のデモ参加者が日本の「新しい歴史教科書をつくる会」による教科書の書き換えに抗議している。日本の第二次世界大戦における過失を矮小化していると主張し、デモ参加者は日本の国旗を焼却し、日本製品の不買を求めたのだった。

国民に都合のよいかたちで歴史教科書を歪曲しようとするのは、日本だけのことではない。日本の歴史教科書についての二〇一一年の研究は、日本の抑圧的な朝鮮統治(一九一〇~四五年)をほとんど省略していると結論づけたが、同じ研究によれば、中国と韓国の教科書も日本占領期の中国・韓国の抵抗運動のみを対象としており、第二次世界大戦という大きなコンテクストを無視しているとされる。(8) こうした認識の対立には長い歴史がある。一九二〇年にカナダのニュー・ブランズウィック州『デイリー・グリーナー』の編集者にあてられた手紙では、地元の学校で用いられているアメリカ人の手による世界史の教科書では、カナダの第一次世界大戦への参戦さえも言及されていないとの抗議がなされている。(9)

一八〇〇年代から一九〇〇年代を通じて、あるいは現在までの多くの事例のなかで、国民的帰属の感情を注入しようとする試みは、通常積極的な捏造を必要とする。教科書は国民的勝利や悲劇については語るが、政府や国民の過ちや愚行については滅多に語ることはない。大いなる例外としてあげられるのは、一九四五年以降の西ドイツであった。そこでは、幼少期の子どもたちは、ナチスの体制によって犯された罪について学び、国中で発見された強制収容所や記念碑や博物館を訪問して絶えず記憶を想起させられてきた。より一般的なものは、最近のフランスでの経験であり、フランスでは二〇〇五年に法律が通過した（のちに廃止）。それは、フランス植民地統治が果たした「積極的役割」を教えるように主張するものであった。実際のところ、一九九八年以降に用いられたフランスの教科書についての研究は、そのような教科書がアフリカでのフランス植民地統治がもたらした暴力や人種主義を体系的に過小評価していることを示したからである(10)。

さらにいえば、このフランスの教科書に対する批判、フランス植民地史の批判的見解に対する立法府の反応は、伝統的な心地のよい語りに疑問を呈して問題化することを必ずしもすべての人が好まない点を明らかにした。連合王国では、ウェールズ、スコットランド、アイルランドを周辺化し、圧倒的なイングランドの物語における端役のように捉えていた、かつての教科書の様式に注目が集まっている。イギリス史の通俗的歴史は、イギリスのアイデンティティの一部としての帝国を強固にするひとつの方法として「我らが帝国」に繰り返し言及してきた。帝国を批判する者は帝国の暴力と不正を繰り返し指摘してきたが、数十年前までイギリスの歴史家は、帝国統治に関わる立憲主義的、改良主義的試みに関心を集中してきた。最近の歴史家が関心をもってい
る帝国の衰退については、世論に影響を与え始めたばかりである。二〇一四年の世論調査会社YouGovの調査によれば、帝国を恥ずべき対象と感じる人びとよりも、誇りに感じるというイギリス人の数が三倍にのぼることが明らかとなった。またイギリスによって植民地化されたことの結果として、より暮らし向きが良くなっていると考える人の数は三倍にもなるとされている。[11] しかし、歴史家が新たな視点を生み出すような文書を掘り起こすことがなかったら、世論の変化などなかったであろう。

国民生活のなかでのトラウマ的な出来事は、第二次世界大戦後の日本やドイツ、脱植民地化後のフランスやイギリスのように、国民の語りのなかに大きな修正を引き起こす。フランスやイギリスでの評価の緩慢とした変化が示すように、出来事が完全に調査されるまでには数十年がかかることもある。合衆国での南北戦争や奴隷制は、主要な事例として際立っている。南北戦争以前の合衆国の歴史の教科書は、奴隷制を賞賛することはなかったが、反奴隷制や親奴隷制の勢力が共存しうる国民として描かれていた。悲惨な戦争のあとの数十年は、執筆者が南北戦争を双方の過激主義者の衝突として非難するような妥協的解釈が続いた。奴隷制をめぐる深刻な論争は、戦争が終結して一〇〇年がたった一九六〇年代以前の合衆国の教科書には、ほとんど登場

してこない。

一九六〇年代の公民権運動は、奴隷制の歴史に光を当てることになった。しかし、第二次世界大戦後の大学教育における大きな変化が、そのための道を切り拓く役割を果たしたのだった。一八歳から二四歳の合衆国人口のうち大学教育に登録した割合は、一九四七年の一四パーセントから一九七〇年には三六パーセント、一九九一年は五四パーセントになっている。高等教育から長らく排除されてきた社会集団に道が拓かれたのである。下層階級、女性、ユダヤ人、アフリカ系アメリカ人、エスニック・マイノリティ出身の若者である。女性の大学進学者は、一九四七年は二九パーセント、一九七九年には五一パーセント、二〇一四年は五七パーセントとなった。

白人男性エリートの政治指導者に焦点を当てる伝統的な語りへの異議申し立ては、そうした変化の自動的な帰結ではなかったのかもしれない。しかし、女性、非白人、非プロテスタントなどが大学生となり最終的には大学の学科構成員へと参入するなかでは、たぶん予測できたことであろう。労働者、女性、アフリカ系アメリカ人、移民などは、ジョージ・ワシントン、エイブラハム・リンカーン、セオドア・ルーズベルトなどの英雄に代わり、かつては無視されてきた奴隷、労働者、女性、マイノリティなどの国家建設に果たした役割へと対象を変化させながら、一九六〇年代以降の教科書へと徐々に浸透してきた。たとえば、歴史家は、太平洋へと西進して拡大していくアメリカの「明白なる運命」が一八四〇年代に教義として発展し、メキシコ人、アメリカ先住民、ユダヤ人やカトリックなどに対する白人プロテスタント・アメリカ人の人種的優越性を正当化してきたことを証明した。

そうした強調点と解釈の変更に激怒した人もいる。批評家たちは、歴史家たちが政治的公正にあまりにもとらわれすぎており、国民的帰属に関する積極的な感覚を生み出すことに失敗しつつあると批判する。アメリカにおける怒りは、一九九〇年代半ばに批評家たちが相互に関連していると見なすふたつの出来事をめぐって頂点に達した。一九九四年、スミソニアン国立航空宇宙博物館では、広島に原子爆弾を投下した航空機の展示を提案し、この企画は、原爆投下は道徳的ないしは政治的に正当化されうるかをめぐっての論争を引き起こした。同年、連邦政府が支援する「学校における歴史教育全国センター」が全国的な歴史の基準を提案したが、それは一九六〇年代以降に活力を呈してきた労働者、女性、奴隷、移民の新しい歴史を反映したものだった。

これらに対しては、激しい怒りが表明された。上院多数党院内総務で将来の大統領候補であったロバート・ドールは、「教育者や大学教授たちは、アメリカ人の名誉を傷つけるような驚くべき運動に手を染めている」と不満を漏らしている。コラムニストであるジョージ・ウィルは、大学キャンパスにおける反アメリカ主義を非難して、共和党の下院議長であるニュート・ギングリッチは、ほとんどのアメリカ人は文化的エリートによって国を恥じるべきだと語られることにうんざりしていると主張した。[12] スミソニアン博物館は、抗議を起こされると思われる展示物のほとんどを撤去し、全国的教育基準は撤回されたが、歴史家たちは長らく受容されてきた語りを再検討し続けている。政治家たちは小競り合いに勝利したが、歴史家は文化戦争に勝利した。現在では、合衆国の教科書は奴隷制や女性やマイノリティに対する差別を無視したものは出版することができない。

より高い教育水準の人びとほど歴史の論争に寛容であるとしても、教科書論争を無批判に大学入学者数に結びつけることはできない。ロシアでは、大学入学者の水準は一九七〇年代の段階ですでに高いものであったが、教科書は一九八九年以降の出来事のはやい動きにほとんどついていっていない。ソヴィエト連邦の解体後、歴史家は自律性を獲得したが、ウラジーミル・プーチンが権力を強化すると、彼は教科書の記述に直接的に影響を与えようとした。愛国心を鼓舞する語りを強制しようとするプーチンに対しては、ほとんどのロシア人が肯定的な反応を示してきた。

それどころか、とくにイギリスやフランスなど西欧諸国では、標準的な国民の語りへの不満が学生数の変遷から来ているように思われる。両国では、高等教育の学生数は一九九〇年代には五〇パーセントを超えたが、それは国民の語りへの批判が沸き起こってきたときでもあった。それはまた、男女平等が達成されたときでもあった(男性と同じくらいの女性が学生となった)。世界のほとんどの国で、いまや男性よりも女性のほうが高等教育に進学するようになっている。そのことが意味するのは、大学に進学する女子学生が男性の半分にすぎなかった一九七〇年代以降のよろめきながらも進む変化である。女性の数が増えたからといって、多くの批判が登場したということを必ずしも意味しない。だが、それは高等教育の体制の刷新を意味するものであった。悲しむべきは、それがこんにちの西洋世界で大学に対する見下した態度が登場した理由のいくつかを説明してくれることにある。女性化された専門職は、一般的に低賃金であり敬意が払われなくなっているのである。

記憶戦争

国民的記憶の形成の過程において、教科書は比較的遅れてやってきた。最初に過去の出来事の物質的な痕跡が集められ組織化されねばならないからだ。そうした過去を想起する試みのなかで、最近の印象的な事例が示しているのは、忘却が望ましいとき、とりわけ肯定的な国民の語りに対置される出来事の忘却が求められるときには、過去を回復することがいかに難しいかということである。一五〇年以上にわたって、歴史家は独立宣言の主たる起草者であるトマス・ジェファーソンが、サリー・ヘミングスという彼が所有する女性奴隷の子どもの父親であったかどうかをめぐって論争してきた。DNA検査が誕生するまで、決定的解答は不可能だと思われてきた。一九九八年にDNA検査によって彼が父親である事実が否定しがたくなり、考え方をめぐる大きな変化が避けられなくなった。一九八〇年代や一九九〇年代まで、多くの博物館は、奴隷制の役割を曖昧化してきたし、奴隷制が家父長的でさらには慈悲に満ちたものでさえあるかのように思わせてきた[13]。しかし、二〇一二年には、大統領の奴隷保有行為に焦点を当てる最初の大きな国民的な展示会が、スミソニアン・アメリカ史博物館で開催されている。

内戦に加えてその後の政治的弾圧の日々が続いたスペインのような国での歴史的記憶を回復しようとする行為は、さらに苦痛に満ちたものとなる。一九七五年に軍事独裁政権のフランシスコ・フランコが死亡するまで、一九三六年から三九年にかけての内戦で発生した殺戮を真剣に調査しようとすることは不可能であった。ましてや、「共産主義者」として中傷され、裁判もなしに殺害され、墓標もない土地に埋葬された共和主義者の死体を掘り起こすことなどは言うに及ばずであった。歴史的再構築の検証作業は一九八〇年代に始まったが、二〇〇〇年になって初めて歴史的記憶回復協会が設立され、死体を掘り起こし、身元を確認し、再度埋葬するということをおこなった。最近では、監獄で死んだり、国家施設に送られたり、名前を変えられ体制に友好的な家族に非合法的に養子にされたりした「失われた子どもたち」に関心が向けられるようになっている。

インドネシアでは、記憶化はさらに困難であることが証明されている。そこでは、一九六五年のクーデタ未遂後に五〇万人もの共産主義者が殺害された。実権を握った将軍スハルトは、一九九八年まで権力の座にとどまり、その期間は殺戮については一般に論じることができなかった。教科書は、六人の将軍が殺害されたクーデタの企ては共産主義者の策略だとして、その後に反共のヒステリーに刺激された軍人や軍関連の民兵によっておこなわれた拷問、斬首、身体の切除についてはほとんど何も語っていない。スハルトの没落後にようやく水門が開けられた。かつては獄中にあった活動家の回想録が英語に翻訳され、公衆の注目をひいた。オーラルヒストリーの歴史家たちは、出来事の記憶を収集し始めた。

しかし、和解が続くことはなかった。二〇〇〇年には、殺害された死体を掘り起こすことを目的とするグループがジャワ島で映像を撮っていたとき、あるムスリムの青年団によって再埋葬をやめさせられた。ナダツアル・ウラマ(NU、伝統的なスンニ派のムスリム組織)は、計画されていた教科書改革を許可せず、二〇〇七年に親共産主義的と思われる教科書を焼却処分とした(14)。二〇一三年には、スハルト支配を顕彰する博物館が彼の生まれ故郷で開館した。博物館はスハルトの兄に支援されていたが、彼は政治的腐敗を理由に弾劾されてきた人物であった。博物館の解説は、無辜《むこ》の民が殺害されたことについては何も語らずに、弾圧を正当化していた。

記憶をめぐる紛争としてあげられる事例は、ほかにも数え切れないほどある。しかし、最も重要なものは、一九八〇年代初頭以降に世界中で設立された三〇にのぼる真実和解委員会の例であろう。グアテマラからタイにまでいたる多様な委員会は、内戦期において、あるいは専制政府のもとで犯された過去の残虐行為と折り合いをつける公的な機構の必要性を表現していた。真実和解委員会とは、国民が前に進もうとする場合に、過去の殺害、投獄、拷問、差別などについての完全な真実を語らねばならないという前提にもとづいて設立された歴史の公聴会のことである。ほとんどの真実和解委員会が、南アフリカの真実和解委員会をモデルとしていたことは明らかであった。それは、アパルトヘイト体制から民主的な体制へと移行するために、一九九五年の終わりに法律によって設立されたものであった。真実和解委員会は、その世界規模の影響力によって詳細な分析と論争のテーマとなってきた。

南アフリカの真実和解委員会の権限は絶大なものであった。その任務には、一九六〇年から一九九四年までの人権侵害の性質、範囲、原因について報告することが含まれていた。そして犠牲者の声を拾うことで、その尊厳を回復していった。もしすべての関連する事実を明らかにするならば、加害者に対して恩赦を認めることさえもした。統一と和解を達成するという仕事は、このうえなく困難なものであった。アパルトヘイトのもとで白人少数派(人口の一三パーセント)は、土地、天然資源、医療、教育、良質の就業機会のほとんどすべての利用の権利を独占していた。白人至上主義体制を維持するために、当局は、一部の人びとを拷問にかけ、先住民の「居留地」へ流刑にし、あらゆる分断の道具を利用しながら、二〇万人もの人びとを投獄した。体制への抵抗運動が激化して、当事者たちの暴力は苛烈なものとなった。というのも、黒人コミュニティ内部の政治党派が、互いに対立していたからである。体制側は暴力を用いて、抵抗を弾圧し、抵抗運動の指導者を根こそぎにした。武装した野党のなかには爆弾闘争に訴え、体制への協力者や体制側の要員、敵対する抵抗集団内部のメンバーを殺害する者がいた。

一〇〇回以上の公聴会を重ね、二万一〇〇〇人以上の個人の証言を受けたにもかかわらず、真実和解委員会そのものが調査結果は不十分であることを認めた。アパルトヘイトを支援していた白人政党は、ほとんどが協力を断った。アフリカ民族会議(ANC)に対する主要な黒人野党インカタ自由党(IFP)なども協力を断った。アフリカ民族会議は、一九九四年のすべての人種に開かれた最初の議会選挙で多数派を占め、主要な白人政党である国民党やインカタ自由党からの代表を含んだ挙国一致の政府を樹立した。それにもかかわらず、真実和解委員会はアフリカ民族会議と密接に結びつき、完全な参加を希望したのはアフリカ民族会議のメンバーだけだった。したがって、多くの白人やインカタ自由党のメンバーが、真実和解委員会の調査結果が偏っていると考えたのも驚くべきことではない。さらにいえば、研究者が真実和解委員会を批判したのは、証言にばかり焦点を当てて、客観的な科学的捜査による事実には十分な配慮がなされていないという理由からだった。調査結果にもとづいておこなわれた研究が示しているのは、少なくとも短期的には、真実和解委員会が和解という目的を達成していないことであった(15)。

そうした個別の論点に関する不満があるからといって、より大きな真実を曖昧化すべきではなかろう。歴史の回復は、ある体制から別の体制へと移行する際に、あらゆる事例において重要なものとなっている。さらにいえば、歴史の記録を正そうとする願望は、内戦から平和へ、アパルトヘイトから黒人多数派支配へ、軍事独裁政権から選挙された文民政府へという場に限られたものではない。日本、合衆国、連合王国など安定的と思われる国民の歴史にも疑問が呈されるようになっている。忘れられ、隠され、抑圧されてきた要素が、いま表面化されつつあるためである。常に歴史というものは、抑圧されてきたものを噴出させる傾向がある。

パブリックヒストリーと集合的記憶

安定した政府をもつ国においてさえ、歴史に対する公衆の欲求は、かつてないほどに大きくなっている。連合王国や合衆国だけではなく、中国やほかの多くの国においても、回想録や自伝はベストセラーのリストに載せられることが多々あるし、最も成功を収める映画、テレビ・シリーズ、ビデオゲームのいくつかは、過去に例を取っている。合衆国にある三万五〇〇〇の資料館の半分以上は、歴史博物館、歴史遺跡、あるいは歴史団体のかたちをとっている。「英国遺産目録」は、一八八二年に最初に制定されたが、いまや四〇万近くの記念碑、建築物、風景、戦場、保全された難破船を含むようになっている。そのような場への訪問者は、一九八九年から二〇一五年にかけてほぼ四〇パーセントの割合で増加している。言いかえれば、歴史への公衆の関心は単に増大しただけではなく、天井知らずのものになってきている。

歴史的な遺跡への訪問客は、解説を読み、展示を眺め、ガイドの話を聞き、組織された行進を眺めることを欲するだけではない。訪問客は、より直接的に歴史の再演などの実際の体験を通じて過去へと入り込んでいくこともある。ヴァージニア州にあるコロニアル・ウィリアムズバーグのような体験型博物館は、ある時点での過去の生活を生きられたように再構築することを目的としており、この場合は一七六〇年代から一七七〇年代の歴史である。観光客は、一八世紀の家屋を復元した街路を練り歩き、当時の衣装を着て昔の女性や子ども、奴隷や自由人などの役回りを演じている人びとに出会う。参加者にとってより興味深いのは、戦闘の歴史的再演であり、再演者はみずから衣装を着て役柄を演じることになる。歴史的再演は、いまやテレビや歴史教育にも影響を与えている。連合王国や合衆国、オーストラリアやドイツでは、テレビの歴史リアリティ番組が、過去を正確に再現した家屋で何カ月も生活をする人びとを特集して、現在の視聴者のためにその経験と葛藤を記録している。歴史の教師は、学生の好奇心を掻《か》き立てるために何らかのかたちでの再演を長らく利用してきた。たとえば、講義においてある時代の衣装を着たり、学生たちに過去の歴史的人物の役割を演じさせるなどしてきた。デジタル造形の誕生は、その傾向を高めることを約束するものであり、古代ローマ、中世のハンザ同盟都市ベルゲン（ノルウェー）、一八世紀パリの近隣関係などは、すべて3Dや、パリの場合では5Dなどで再現可能なものとなっている。そこでは、歴史的な音響や当事者の視点が加えられている[16]。

そうした技術は歴史博物館や歴史遺跡の展示のかたちを変えている。デジタル造形が使われていないところでも、物質的なオブジェが見る者の体験に信憑性や直接性を保証するために展示されている。合衆国のホロコースト記念博物館の訪問者の多くは、ある強制収容所のホロコースト犠牲者から集められた靴の山の眺めと臭いによって心を動かされたという感想を報告している。歴史の心得のある観光客は、第一次世界大戦の塹壕《ざんごう》の保全地を歩いたり、第二次世界大戦のノルマンディ上陸作戦で使用された銃、上陸船、計画地図を眺めたりすることになる。それらは、ノルマンディのユタ・ビーチ上陸戦博物館に保存されており、その博物館は上陸地点にあるかつてのドイツの掩体壕《えんたいごう》のなかにある。対象は、はるか昔のものであることもある。イギリスのヨービック・ヴァイキング・センターは、来訪者を特別にしつらえた地下のタイムカプセルに案内し、ヴァイキング時代と呼ばれる一〇〇〇年前の過去に連れ戻してくれる。ヴァイキング時代が電子工学を用いて再現されることで、その史跡の考古学的な発掘で発見された何千もの木材、織物などの工芸品を生き生きとさせている。

専門職の歴史家たちは、歴史的な再現や視覚的な歴史的経験に対しては批判的で、ときに軽蔑的でさえあった。なぜなら、それらは文脈や因果関係などの深い理解よりも、過去の人びとと見る者との情緒的な同一化に優先順位を与えているからだった。言いかえれば、保全された第一次世界大戦の塹壕を歩くことは、なぜ戦争が起こったか、そしてなぜ多くの若者が死んだのか、ということを問題にするよりも、そこで闘った若者に親近感を抱かせることを可能にする。さらにいえば、多くの仮想現実的な体験は、顧客を引きつけるために感覚的な魅力を提供しなければならないことになる。コロニアル・ウィリアムズバーグの奴隷は虐げられることはありえないし、ヴァイキングは主として最も平和的な時代の格好をしており、塹壕は公園のような環境に囲まれている、といった具合である。

仮想現実のようなマルチメディアの装置や技術は、より身近なものになるにつれて、それらを無視することは不可能になってきているし、歴史家たちはますます集合的な記憶のプロジェクトに関与するようになっている。パブリックヒストリーに長年関与してきた歴史家がいるが、最近になるまでそのような役割はアカデミックポストとして相応しくないと思われていた。パブリックヒストリーの歴史家も訓練を受けた者ではなかった。しかし、状況は急激に変わっている。かなりの割合の学術機関の職が非正規の雇用に変えられるにつれて、パブリックヒストリーが重要になっている。

パブリックヒストリーの歴史家は、独自の組織をもち、旧い組織のなかでも新たな認知を得ている。一九七九年に合衆国でパブリックヒストリーの全国団体が設立され、二〇〇三年までには、アメリカ歴史協会のほぼ五人にひとりがパブリックヒストリーに携わるようになっている。いまや合衆国の少なくとも二四の大学では、パブリックヒストリーの博士号ないしは博士号レベルの証明書を提供するようになっている。イギリスの九つの大学は、パブリックヒストリーで博士号か、パブリックヒストリーでの認定資格を含んだ歴史学修士号を提供している。そのような教育課程は二〇〇九年になって初めて登場したが、この領域の成長は著しいものがあった。二〇〇九年にパブリックヒストリーの国際団体が設立され、世界中のパブリックヒストリーの歴史家が一堂に会した。パブリックヒストリーは、オーストラリア、カナダ、ニュージーランド、ブラジル、オランダで突出しており、多くの国で新たな教育課程が開設されつつある。

集合的記憶が、書物や博物館からテレビ番組やインターネットの噂まで、多様なかたちをとって形成されている。トラウマ的な出来事であろうとも、国民的偉業であろうとも、集合的記憶は過去についての真実の説明にもとづいているとき、アイデンティティをかたちづくる最も有効で持続性のある仕事をおこなっているといえる。一般市民は、注目を集めるようなものだけではなく、できる限り正確な歴史的出来事や歴史的経緯を知らされねばならないのである。問題は、正確性と人為性とのあいだのバランスであり、それはまた歴史的真実とそれをどうやって立証するかという問題に私たちを連れて行ってくれる。

第2章　歴史における真実

歴史的真実を確定することは、決定的に重要である。それがなければ、政治家の嘘やホロコースト否認論者に対抗することができない。記念碑や教科書をめぐる論争は、決して解決されることはないだろう。記憶戦争は、漠然としたかたちで続くことになろう。一般の人びとは提示される歴史に関して確信をもてなくなるだろう。歴史的真実は二層構造になっている。第一の段階では事実が問題となり、第二の段階では解釈が問題となる。議論する目的でそれらを分離することは可能だが、現実の歴史実践のなかでは、ふたつは相互に結びついている。事実というものは、意味を与える解釈に組み込まれなければ、動き出すものではない。そして解釈のもつ影響力は、事実に意味を与える力を基盤としている。

一見したところ、事実というものは単純明快なものに見える。オバマが合衆国で生まれたのか、そうでないか。六〇〇万のユダヤ人が彼らを根絶しようとする計画的な運動によって死んだのか、死亡数は誇張されたものであり、殺害は意図的なものではなかったのか、といったものだ。これに対して、解釈は決まりきったものとならない。六〇〇万のユダヤ人が大量虐殺によって死亡したという事実には同意しうる。だが、どのように、なぜ、そしてどのような順番で事件が発生したのかについては意見の一致を見ない。一見してわかるほど事実は単純でないのだ。なぜなら、過去は完結しないからである。新たな文書、新たな物証、新たなデータは、常に発見されており、確立した事実とされていたものが、いとも簡単に覆されることもありうるのだ。たとえば、DNA検査が開発されて、ジェファーソンが奴隷の子の父親であることをめぐっての事実を変えた。しかし、この潜在的な暫定性は、悪名高いトランプ政権の公式報道官が主張したような「もうひとつの事実《オルタナティブ・ファクト》」があることを意味するものではない。そうしたもうひとつの事実は、明らかに嘘である。つまり、事実について公衆を誤った方向に導くことを計画的に意図したものとなる。歴史的真実に到達するために、事実とそれがどのように決定されているのかについての考察から始めることにしよう。

事実

バラク・オバマ大統領がハワイ州のホノルルで一九六一年八月四日に生まれたこと。これはひとつの事実である。この声明が真実であることは、証明書の存在によって確認されている。この場合は、ハワイ州が発行した出生証明書である。この文書が有効であるのは、出生を登録する州の公式機関によって発行されたものだからで、またそれが偽りであるという証拠を誰も提出していないからである。それにもかかわらず、一連の重要な点はオバマの出生に関する不自然な論争から発生している。歴史的な事実は文書に依拠している。体系的な方法で集められた文書は、信頼される傾向にある。事実が必然的に暫定的なものであるのは、証拠の発見によってこんにち事実とされているものに対して疑問が呈される可能性が常に存在するからである。

陰謀論は、歴史的事実の内在的に暫定的な性質によって生じた隙間から発生する。この場合には、オバマのハワイでの出生証明書が旧いタイプライターを用いたものなのか、あるいは単にデジタル技術を用いたものにすぎないのかと想像することは可能だろう。だが、そのような結論を支持する証拠は発見されていない。同じように、——もちろん、あなたのものでも、私のものでもかまわないが——ドナルド・トランプの出生証明書が捏造されたと想像することは可能だろう。たとえば、戦時下にある国からの難民は着の身着のまま逃げてきたのであり、ましてや出生証明書などはもっていない。難民の多くは、最初は機能していたとしても、戦争によって政府が瓦解してしまったところからやってきた。文書の存在や不在は、それ自体が歴史の産物なのである。

歴史的な事実は、それが依拠する文書の性質によって決定される。歴史における影響力のある文書のいくつかは、捏造物であることが証明されている。最も悪名高いのは、西暦三三七年に死亡したローマ皇帝の勅令とされてきた「コンスタンティヌスの寄進状」である。寄進状は、カトリック教会の教皇にキリスト教世界の西半分の精神的・世俗的な権威を与えるものであった。教皇がしばしば王や皇帝と政治的支配をめぐって争うようになるまでは、寄進状が大きな意味をもつことはなかった。しかし、寄進状が引用されるようになるのは、八〇〇年代以降のことであり、そのことは同時に、その信憑性についての疑念を惹起することになった。一四四〇年に、ひとりのイタリアの学者ロレンツォ・ヴァッラがそのことを暴露したのだが、学者たちは依然として文書偽造の起源について論争を続けており、それは七〇〇年代後半か八〇〇年代初頭のことである可能性が高いとされている。

この暴露事件は、歴史的真実の発見に対する政治の影響を示している。教皇のために働くことを拒絶し、ヴァッラは教皇の政敵のひとりであったアラゴンとシチリアの同君連合の王のもとに身を寄せた。王はナポリの支配権を教皇の手から奪い取ろうとしていた。こうしたヴァッラの政治的動機は、彼の論難を無効にするものではない。彼が発達させたのは、のちに文献学として知られるようになる技法だった。すなわち言語の歴史的研究であり、コンスタンティヌスはその文書を執筆していないことを証明するものだった。彼が主張するのは、文書のラテン語がコンスタンティヌス時代のラテン語とは異なっていたことである。なぜなら、コンスタンティヌスの時代にはなかった中世ラテン語を用いていたからで、また後世についての言及をしているからだった。ヴァッラのテクストは、一世紀のちになるまで大きな影響を与えるものではなかった。その時点で再び政治が介入したのである。プロテスタント宗教改革の信奉者たちがテクストを翻訳して、教皇の腐敗について知識を求める広範な読者に向けて印刷に付した。(ヴァッラが執筆した時代に活版印刷機が発明されたのだった)。一六〇〇年代になっても、まだ寄進状が間違いない事実であると考える者がいたが、その時代には教皇自身がそう考えてはいなかった。捏造された事実は、容易には消滅しないこともあるのだ。

専門職の歴史家でさえ、巧妙な捏造のもつ魅力によって影響を受けることもある。一九八三年に、第二次世界大戦以来、共産主義国の東ドイツで保管されてきたヒトラーの手書きの日記が刊行されるという衝撃的なニュースが、いくつかの報道機関の支社から発表された。ふたりの主導的な歴史家がヒトラー日記の中身を検討するように依頼を受け、それらが間違いなく本物であるという声明を出したのだった。しかし、刊行の日が近づくにつれて、ふたりの歴史家は疑念が増していることを表明した。というのも、筆跡、紙、インクなどについて確証が存在しなかったからだ。刊行されて数日で、ドイツ連邦文書館は、紙と製本の研究によって、それらが戦後の時期のものであることが判明したと公表した。このいかさま劇は、ナチスの回想録を非合法的に売買するのを専門としていた西ドイツ在住の旧東ドイツ人の仕業であった。西ドイツのジャーナリストの騙されやすい傾向につけ込んで、その贋作者は数百万ドイツ・マルクを懐に入れた。彼は監獄から釈放されると、贋作や偽免許証の販売に戻っていった。

ヒトラー日記の例が示すように、正確な事実を手にするために、歴史家たちは別の目的のために開発された科学的な技術から多くの恩恵を受けることがある。たとえば、最近のDNA分析の精緻化によって古代の墓の遺跡を調査することが可能となり、紀元五〇〇年頃の東ヨーロッパとイタリアの移動民のパターンを決定し、それによってローマ帝国を侵略した「野蛮人」についての理解が増している。航空写真や遠隔レーザー感知器など、最初は環境問題や軍事目的のために開発されたものが、現在ではイギリスの景観の地下にあるローマ街道の位置を確定するために用いられている。年輪学は、ヴァイキング船の年代測定や一六〇〇年代の気候変動の研究に活用されてきた。放射性炭素による年代測定によって、科学者や歴史家の研究チームは、おそらくは最初に新世界の存在を示した地図である「ヴィンランド地図」が、コロンブスの到着のおよそ六〇年前に存在したことを証明している。多くの場合に、歴史家たちは情報を得ようとして科学者たちと直接的に仕事をしてきた。将来の技術は、いくつか、あるいはすべての結論に異議申し立てをするかもしれない。歴史的な事実は、手に入る最良の証拠に依拠している。同じことは科学的な事実についても言える。アイザック・ニュートンは、地球や天体の仕組みの理解を革命的に刷新していった。しかし、同時代のほとんどの人びとと同じように、ニュートンもまた、地球は六〇〇〇年前にできたものにすぎないと信じていた。隕石の放射性炭素による年代測定は、地球の年齢は四五億年前に遡るとしている。

「手に入る最良の証拠」とは、曖昧さがないもののように聞こえる。しかし実際には、歴史家や科学者が信頼に足る証拠と考えたものに依拠している。最近まで、手に入る最良の歴史的証拠は、「コンスタンティヌスの寄進状」やその批判者によって書かれた写本史料や書物のように、通常は政治的・宗教的権力によってなされた解釈を意味していた。言いかえれば、根本的なところで事実というものは当事者によって言葉で表現される。たとえば、大衆民主主義以前の普通の人びとの宗教的信仰について知られていることは、しばしば司祭や警察権力からもたらされたものである。なぜなら、彼らだけが文字を書くことができ、また記録にあたっての宗教的・政治的利害をもっていたからである。しかし、彼らの文書は、彼らの視点や関心を反映したものであった。植民地の状況では、問題はより複雑なものとなる。そこでは、公式の文書が、地元の言語や慣習に関してほとんど知識をもたない行政官や軍の将校の理解を代弁していたからである。新たに征服したメキシコにおけるカトリックの官僚は、地元のナワ族の信仰をサタンの影響として扱い、彼らの慣行を犯罪にすぎないとして迫害した。ナワ族の信仰の論理に到達するためには、歴史家はスペイン側の史料を逆なでに読み、絵文字を採用したナワトル語という地元の言語を解読しなければならない。言いかえれば、研究者は、かつて検討されないままで放置されてきた場所での事実を探さなければならないのだ。したがって、手に入る最良の歴史的事実はほとんど、歴史家がなぜ、どのように史料を探すのかということに関連している。それが中立的な行為であることはほとんどない。

ときおり、科学技術に依拠することはあっても、歴史学は科学ではない。有効な場合には科学的手法を用いる文学的な技芸である。しかし、その根本的な目的は、真実の物語を語ることにある。真実を表現した部分は、証拠資料に依拠している。この点での歴史家は、探偵、法律家、捜査ジャーナリストに似たところがある。情報をかいくぐり、文字史料や口承史料などの史料を分析して比較する。あらゆる可能な手続きを利用して、件《くだん》の事実、つまり真実に到達するのだ。物語の部分は、何か別なものを必要とする。つまり文学的な再構築であり、それは一連の事実の解釈に依拠している。解釈は事実を意味あるものとする。世界は山のような歴史的事実によって満たされているが、私たちが考慮するのは、ある特定の時点でのごく僅かな数の事実についてである。私たちが関心をもつ事実は、語りたい物語を可能にしてくれるものなのだ。物語を語るということは、私たちの関心を事実に向けるが、論争を沸き起こす。歴史家は、同じ出来事に対しても異なる事実を強調することによって異なる物語を語っている。この不協和音は、あらゆる解釈における真実性に疑問を投げかける。もし解釈に関する意見の一致を見ない点があるとすれば、過去に関して真実を主張することはできるのだろうか。あなたの物語に対立する私の物語がある、というだけの話なのだろうか。

解釈

世界史のなかでも最も強大で有名な将軍であり指導者であった、ナポレオン・ボナパルトの例から考えてみよう。すべての学者・研究者が意見の一致を見るのは、一七九九年一一月にコルシカ生まれの将軍がフランスの権力を握り、すぐさま最初の統領となり、その後に終身統領、そして皇帝に昇り詰めたことである。しかし、そうした事実の解釈に関しては、意見の一致を見ることはない。当時の体制のどのような性格が、ひとりの将軍を権力の座につけることになったのか。権力を掌握したときにボナパルトは、何をしようとしていたのか。彼は軍事独裁を確立したのか。最終的に、なぜ彼が権力の座から転げ落ちたのか。さらにいえば、彼はよい将軍であったのか、そうでないのか。ナポレオンが権力の座についたのは、フランス共和国が悪しき選択をしたからなのか。何世紀にもわたり長らく君主制を経験したことによって、フランスが強力な専制政治を容認することになったからなのか。ナポレオンが戦闘に勝利したのは、戦略の天才で、カリスマ的な指導者だったからなのか、あるいは、単に戦場での敵失《てきしつ》による恩恵を受けたからなのか。答えは、どのような事実を眺めて、どのような事実に強調点を置くのかという選択によるものとなる。

解釈をめぐる大きな変更がなされることは、歴史的真実というものの実現可能性に疑問を投げかける。歴史家は常に個人史や社会的文脈によって規定される観点から歴史を記述しているので、その叙述が完全に客観的だと主張することはできない。たとえば、私がナポレオンについて書くときには、一九六〇年代に合衆国で訓練を受けた白人で中産階級の女性研究者の観点からそうしている。フランス人よりも個人的には利害関係をもっていないのかもしれないが、意識すると否とにかかわらず、私はその仕事に関して独自のバイアスをもち込んでいる(読者もまた同じであろう)。ナポレオンの戦場での資質の問題は、個人的には私の関心を引くものではないが、私が人より強調する傾向があるのは、民主主義的な要求に抗して女性や子どもを夫や父親に従属させようとするナポレオンの試みについてである。しかし、このような立場は、ナポレオンの史料を検討する際に、問題となる唯一の論点だと主張しない限りは、私の解釈が誤りであることを意味しない。最も信憑性をともなう歴史は、立場はどうであれ、しばしばひとつの論争点に対して深く関与してきた人びとによって執筆されてきた。穏健な解釈は、必ずしも真理であることを意味しないのである。

最も偉大な歴史家たちは、みずからの問いに対して情熱的であった。フランス人貴族の歴史家アレクシ・ド・トクヴィルは、フランス革命に関する単一の著作としては依然として最も影響力のある『アンシャンレジームとフランス革命』(一八五六年)を執筆した。というのも、彼は同時代のナポレオンの「愚鈍な」甥ルイ・ナポレオン・ボナパルトの権力掌握に戦慄していたからである。どうしてフランス人は、新たに発見した自由を放棄して民主主義的な独裁の形態を選択したのか。ボナパルトの何がアピールしたのか。それらに対する答えを見つけるために、トクヴィルは地元の公文書館に通って、一七〇〇年代のフランス君主制の機能を詳細に研究したのである。彼が確信したのは、君主制自身が貴族や地方名望家の政治的権力を破壊することで最初のボナパルトの登場に道を拓いた点である。トクヴィルのこのテーマに対する情熱が、彼をして文書館に通わせたのである。そして彼の文学的才能が、彼の解釈を現在にまでいたる古典の地位へと押し上げたのであった。

歴史的真実に関するトクヴィルの主張は、歴史家のあいだで広く容認されている共通規範を基盤としている。あらゆる解釈の真実性は、その首尾一貫性と重要な事実に対する解釈を提供できるかどうかにかかっている。首尾一貫した解釈とは、論理的なものである。それは適切な証拠を提示するもので、その証拠から非合理的な結論を導き出すものではない。女性や子どもとの家父長的な関係が彼流の専制体制にとって不可欠であるとナポレオンは考えたと論じようとすれば、法律、著作、個人史などでその証拠を探すだろう。しかし、彼が妻を愛したということが、彼が家父長的であることを証明する事実だとは主張できない。そのような結論は、論理的には導き出されないのである。彼は妻を愛することもあったし、別の体制を好んだこともありうるからだ。

しかし、解釈には首尾一貫性以上のことが求められる。ひとつの解釈をできるだけ完全にしようとするなら、ナポレオンの家父長的な態度を強調することが、できるだけ多くの事実と矛盾しないようにしなければならない。それは戦場での彼の戦略の説明を必要としないが、女性や子どもに関する法典のなかの条文については説明しなければならない。さらに彼の個人的な態度さえもがその対象となりうる。たとえ、それが公式に表明されたものとは異なっていたとしてもである。ナポレオン法典の下では、妻は財産を獲得しえないし、債務関係を契約できない、労働もできない、夫の同意なしには遺言書を作成できないなどの事実は、私の議論を支える強力な証拠となる。あらさがしをする者は、依然としてナポレオンはみずからが法を起草したわけではないと批判することもあろう。だが、彼はひとりで行動しているわけではないにせよ、家族法を改訂する議会の多くを個人的に主導していたことは事実である。解釈とは、それに適合的な事実にのみ依拠することではない。それは、ありうる反証可能性の試験をかいくぐらなければならないのだ。

事実と解釈とのあいだには密接な関係があるが、歴史的真実についての疑念を惹起する。しかし、それはまたそうした疑念を解消する、いっそうの研究に対する絶えざる誘因を生み出してくれる。仮想上の批評家がナポレオンは自分ひとりで法を起草したわけではないと異議を述べるとき、私はもっと掘り下げて、彼が実際に審議に参加した証拠ならびに彼の見解に対する協力者の理解についての証拠を発見することが求められよう。このようにして、解釈をめぐる論争は、より多くの事実を提示することになるのだが、以前の解釈、事実、論争は、視界から消え去ることはない。それらは将来の仕事に対する基礎を提供してくれるのである。

歴史的真実とヨーロッパ中心主義

そうした真実に対する基準(正確な事実、首尾一貫性、完全性)は、一見すると揺らぐことがないようなものに思える。しかし、人を驚かすような問題が水面下にはうごめいているのである。歴史叙述は真実やある種の客観性の基準を目指しているという考え方は、特異な視点を反映したものであり、とりわけここ数世紀にわたって西欧で発達してきた歴史叙述の視点を反映している。歴史学は常に学知の形態で存在してきたが、大学における歴史家の訓練は一九世紀になって初めてかたちを整え始めたもので、それは、ドイツ、フランス、イギリスなどで大学が設立されていく時代でもあった。人びとが歴史を書き、読み、研究した理由は、一八〇〇年代以前には同時代の難局に提供しうる教訓を探し求めてのことであった。大学は真理に到達するための技術を発達させたが、専門職の歴史家を訓練する場ではなかった。たとえば、ロレンツォ・ヴァッラは、修辞学の大学教授であり、その学問領域は学生が公証人や宮廷官吏になるために準備されたものだった。彼が開拓したのは、テクストの文献学的比較という歴史研究に関する重要な方法であった。しかし、それは歴史を書くなかで学生たちを訓練するためのものではなかった。

大学での歴史学の訓練は、歴史的真実を決定するための方法を伝達し改良するために設計されたものだった。歴史学の創設者のひとりであるレオポルト・フォン・ランケは一八二四年に、未来の世代に教訓を垂れるために過去を断罪する目的で歴史を書いているわけではない、という有名な言葉を残した。彼は「あるがままの事実」を語ろうと欲したにすぎないのだ。研究者のなかには、歴史家は過去を完璧には再構成できないと論じて、ランケの素朴と思われる見解をもって彼を批判するものもいたが、私たちが過去を知りうるのは、痕跡、すなわち時代を超えて私たちのもとに伝わってくる断片を通じてのみである。私たちはあるがままの事実を知ることはできないのだ。しかし、こうした批判は誤謬である。ランケは自分の視点の不完全性を告白している。つまり「歴史家の意図は、その視点に依存している」ことを認めていたのだ。しかし、彼は依然として歴史の読者を説得して、視座を拡大させることを望んでいた。

プロテスタント諸国の歴史家の多くがプロテスタントの優越性を自慢げに力説することに抗いきれなかったとき、またヨーロッパではどこでも歴史家たちは自国民の物語の卓越性を強調しようとする時代に、ランケはより客観的な視点を目指していた。すなわち、「どんなに条件付きで魅力に欠けるものではあっても、事実を厳密に提示」し、それから初めて「統一性の発展と出来事の進行」に取り組むのである。ランケが望んだのは、読者が客観的な視点から異なった見方で対象を眺めることであった。より客観的な視点を求める彼の主張は、独自の史料や注記による研究に依拠するものであり、それらが少なくとも理論上は読者に彼の解釈を検証することを可能にしたのである[1]。

ランケはゼミナール〔演習〕という形式を使って、(すべて男性の)学生たちに歴史的資料の入念な比較や批判的検討を教授したが、それらの手法にはすぐに国際的に追随する者があらわれた。一八八九年に合衆国の歴史家チャールズ・K・アダムズは、次のように記している。「現代において、ドイツのゼミナールによって……最初に制度化されたような、慎重かつ正確で厳密な史料の検証をおこなう方法にもとづいていなければ、歴史に関する徹底的に優れた教授法といえるものは、世界のどこにも存在しないだろう[2]」。一八八〇年代から一八九〇年代にかけて合衆国で専門職の歴史家の職位を獲得した歴史家の半分は、ドイツで勉強をしていた。ランケは、一八八四年に設立されたアメリカ歴史協会の名誉会員に選ばれた最初の外国人となった。一八八六年にランケが死去したときに、ニューヨークのシラキュース大学は、ランケが近代歴史学を確立するうえで重要な役割を果たしたという理由から、彼の個人文書を購入している。

ランケ自身はドイツ史を超えて守備範囲を広げたかったにもかかわらず、歴史学は、ナショナリズムの勃興やほかの地域に対するヨーロッパの優越性の確立と手を携えて、ひとつの学問として発達した。歴史家たちは、自国の歴史を語ろうと殺到して、ヨーロッパの優越性の顕著な記号としての近代官僚制国家の勃興に焦点を当てた。ヨーロッパの歴史叙述は、合衆国の歴史家だけではなく世界の歴史家にとっての黄金律となった。ラテンアメリカ、アフリカ、アジアの学生は、ドイツへ渡航して歴史学の博士号を取得した。西欧があらゆる歴史学の発展のモデルとなった。ヨーロッパで発展した歴史学の技術は、地球規模での歴史叙述に影響を与えた。たとえば、ヨーロッパ帝国主義の脅威に直面した中国や日本の歴史家たちは、西欧の歴史学に追いつこうと努力したのである。

第二次世界大戦後の脱植民地化運動が成功したので、「ヨーロッパ中心主義」モデルは、早い時期に批判の嵐に晒されることが予想された。しかし、一九九〇年代になってようやく攻撃が確実にしかも激しくおこなわれるようになった。ディペーシュ・チャクラバルティは、一九九二年に最初に刊行された書物で溜息交じりにその意味するところを示したが、書物はその後広範に影響力を拡大していった。

ヨーロッパは歴史的知識における暗黙の参照系として機能していたことが、ごくあたり前のかたちで明らかになった。非西欧である第三世界の歴史の従属性を示す記号が、少なくともふたつ存在した。第三世界の歴史家たちは、ヨーロッパの歴史学の作品に言及する必要性を感じている。ヨーロッパの歴史家たちは、互酬的に何かを学ぶ必要性を感じていない。歴史家という仕事における「偉人」やモデルは、少なくとも常に文化的に「ヨーロッパ」のものであった。彼らの作品は、相対的に非ヨーロッパの歴史に無知なながで生み出された。このことは彼らの作品の質には影響を及ぼしていない。しかし、これは私たちが立ち戻ることができない知的態度なのである。〔西洋と非西洋世界は〕無知という点では平等であり同等であるということをこのレベルで容認できないとすれば、「旧い」とか「時代遅れ」と思われるリスクを犯すことになろう(3)。

チャクラバルティの批判は、ひとつの転換点を示すことになった。歴史研究における西欧モデルは依然として大きな影響力を発揮してはいるが、一九九〇年代以降のヨーロッパや合衆国の歴史家は、アジア、アフリカ、南北アメリカの研究や研究者にいっそうの注意を払うようになっている。また西欧の大学は、非西欧世界出身の歴史家を求めて競いあうようになってきている。チャクラバルティ自身は、多くの事例のなかのひとりにすぎない。彼は、インドで生まれて教育を受け、オーストラリアの大学で博士号を取り、シカゴ大学で教鞭を執っている。

ヨーロッパで発達した歴史的真実の基準は、歴史叙述におけるヨーロッパの支配をともなったので、しばしば「ヨーロッパ中心主義」についての不満が歴史的真実の基準への異議申し立てを含むようになった。ヨーロッパ中心主義を乗り越えることは、真実に関する西欧的と思われる理念への攻撃を必要とすると思われている。だが、一次史料、注釈、解釈の首尾一貫性や完全性などの主張は、絶望的なかたちで西欧帝国主義の思想によって汚染されているのであろうか。チャクラバルティの批判が不十分なかたちで展開されているので、ある文学研究者は、ひとつの学問分野としての歴史学は、知識や真実の主張を権威づけるものであり、「植民地主義と深く共犯関係にあるか、それに組み込まれており、あらゆる意味合いで、近代性と名づけられる政治的・認識論的時代の前に起源を遡ることはできない」という[4]。この主張では、単に現代中心主義がヨーロッパ中心主義に取って代わったにすぎない。そこでは、「近代性」がそれ以前のものとの決定的な断絶を示している。歴史的知識や歴史的真実にとって、そのような主張は支持しがたい。歴史研究者は、大学で歴史学という学問が発明されるずっと前から権威づけられた学知や真理を主張していたからだ。

歴史学も歴史的真実への関心も、西欧に特有のものではない。中国の学者も紀元前九世紀以来、歴史を記述してきたし、事実を正確に手にしたいという欲求が強烈だった。したがって、なかにはそれを改竄《かいざん》しようとした支配者からの圧力を受け迫害される者もいた。一二世紀のイスラーム教徒の年代記作者であるイブン・アル＝カラーニシーは、こんにちでも馴染みのあるような言葉で、みずからの目的を以下のように説明している。

この年代記で明らかにされた出来事からなる物語を完成した。私は、それらを順番通りに整序した。史料のなかの誤りや軽率な判断、不注意な書き損じには用心した。それらの史料は、信頼できる人物から書き写したものであり、それを立証するための十二分な調査を終えたあとに後世に伝えてきたものである。(5)

したがって、中国やアラブ・イスラーム教の歴史叙述の伝統は、ほかもまたしかりであるが、西欧的と思われている近代的な歴史的真実についての関心を共有している。長い歴史のなかで真実への希求が広く共有されてきたことは、歴史がアカデミックな歴史学科という領域の外部で記述されてきたし、これからも記述され続けるだろうことを示している。つまり、真実を獲得するためには、大学という装置を必要としていないのだ。真実に対する憧れが西欧的なものではないことともまた証明されている。そうした志向性は、西欧の植民地主義や帝国主義に先立って存在しているし、歴史叙述の多くの多様な伝統のなかに発見できる。紀元前四三〇〜前四〇〇年頃のアテナイの歴史家であるトゥキュディデスの時代から、学者たちは、先人たちよりも客観的たろう、つまり真実により接近しようと、繰り返し主張してきた。彼らがそうした主張をおこないえたのは、先人の仕事にもとづくことができたからである。

しかし、歴史というものが常に時代や文化を超えて変わらないというのは誤りであろう。すべての歴史は、記述されたものであれ、口承によるものであれ、絵画によるものであれ、パフォーマンスによるものであれ、語りの形態に依拠している。つまり、ある種の時系列的な修辞技法を通じて、過去を表象することを主張する物語なのである。しかし、そうした語りの形態は、ほとんど想像できないような多様なかたちで存在している。多様でありすぎて、西欧の歴史家たちは、英雄詩、図解本、織物《タペストリー》や「むすび目」(南アメリカのインカ帝国のキポス)、またインドネシアのガムラン音楽のような英雄物語の歌唱が、西欧で発見された年報、年代記、歴史的写本や書物などと親族関係にあり、類似点を示す語りを共有していることが理解できないでいる。それらはある種の特徴を共有しているが、また重要な点で異なっている。多様な形態に貫徹する明確な法則性を認識することによって、歴史学と歴史的真実の概念が拡大されている。馴染みのない歴史の形態への見下した態度は、現在ではおこなわれていない。同じように、より土着性の強い歴史の形態に対する侮蔑的態度も改まってきた。正確な事実、首尾一貫性、完全性の基準を満たしていればいいのであって、それが歴史の表現に対する驚くべき広範な開放性をもたらしている。

それが本物の歴史の学知の唯一のありうる形態でないとしても、大学で訓練を受け独自の史料を参照する一九世紀ヨーロッパの歴史家モデルは非常に力をもってきた。それが過去に関する新しく印象的な知識を生み出す力をもちえなかったとしたら、世界各地で模倣されることはなかったであろう。一八八七年に東京大学が史学科を設立したときは、ヨーロッパ史だけを教授していた。その最初の教授は、ベルリンから来たドイツ人の歴史家、ルートヴィッヒ・リースであった。彼はランケの弟子で、英国国制史の専門家であった。のちに史学科が拡張されて、日本史や「東洋史」を含むようになったが、「西洋史」はドイツ、英国、フランス史から構成されていた。というのも、それらの国は歴史実践と近代国民国家の発展のモデルと考えられていたからだった。同じ理由によって、北アメリカで教えられていたヨーロッパ史とは、一九五〇年代の冷戦がロシアや東欧へのいっそうの関心を推進していくまでは、ドイツ、英国、フランスの歴史であった。

ヨーロッパの影響に関する同じような物語は、多くの場所で語ることができる。ランケ的なモデルが一九世紀初頭にアルゼンチンに導入されていったのは、ラプラタ大学がふたりの教授に北アメリカとヨーロッパ、とりわけドイツで教えられている歴史学の方法を調査することを依頼したときであった。そうした方法は、アルゼンチン史の研究のために導入されていったが、その後には、メキシコ、チリ、ペルー、ベネズエラ、キューバなどに紹介されていった。過去の人びとがおこなってきたように、イギリスの入植者が到着する以前の南アジアには歴史意識が欠如していたと述べるのは愚かである。だが、パルタ・チャタジーのようなインドの指導的歴史家は、依然としてみずからの関心の原点をイギリスの歴史家によって執筆された書物の影響のなかに求めている。彼の場合は、一九六〇年代のE・H・カーの『歴史とは何か』(一九六一年)が「歴史学方法論の新たなバイブル」として役に立ったという。というのも、カーの書物は、ほとんどの歴史家たちが政治的エリートや政治制度について記述していたときに、社会経済史の重要性について肯定的に論じていたからである。[6] カーの生気に満ちたマニフェストが世界規模での影響力をもったのは、イギリス、フランス、ドイツの歴史家に向けられた論争と議論が二〇世紀の後半まで続く国際的な歴史論争を規定したからである。

それにもかかわらず、チャクラバルティやチャタジーの例が示しているように、ヨーロッパの方法論で訓練を受け刺激を受けてきた歴史家は、同じ方法論を西欧帝国主義の脅威に対抗するための道具へと転換していった。チャクラバルティのように、チャタジーもヨーロッパによる他者の歴史学への植民地化に抵抗したのだった。

歴史学は、ポストコロニアルの世界に生きる私たちが、永久に近代性の消費者にすぎないことを運命づけてきたように思われる。歴史学の唯一の純粋な主体であるヨーロッパと南北アメリカは、私たちに代わって植民地の啓蒙や搾取といった筋書きだけではなく、反植民地主義の抵抗とポストコロニアルの惨状についてのシナリオも考え出してくれた。これでは、私たちの想像力さえも永遠に植民地化されたままだろう。[7]

言うまでもなく、チャタジーには植民地主義を放置しておく意図はない。彼は独自の史料を証拠として用いて、迫力のない西欧モデルの模倣に還元できない反植民地主義ナショナリズムの独自の解釈を、独特な卓越したかたちで展開した。

ヨーロッパ中心主義への鋭利な関心は比較的最近のものであるが、ヨーロッパの手法で訓練された歴史家たちは一九世紀の末以来、みずからの目的にそうした手法を適用してきた。同時に、フランス、英国、ドイツの歴史家は、政府の公文書を掘り起こして、フランスや英国、そして相対的に新興の国家であるドイツで国民的な一体感を支えた。日本の歴史家は、ランケの手続きを用いて、日本のナショナリズムを昂揚するひとつの方法として天皇制の伝統を支持した。彼らは、ヨーロッパ的な文明の観念を独自の目的に適用したのである。一八六九年に明治天皇は、日本が文明を代表するような「文明と野蛮を明確に区別する歴史」を依頼した。二〇世紀前半の日本の指導的な歴史家である辻善之助は、日本は儒教や仏教などの外国の要素を吸収したが、独自の形態でそれらを受け入れたのだ、と一九五〇年に論じた。その結果、「東洋文化の本質は、日本だけに含まれている」としたのである。[8]

アルゼンチンは、もっと印象的な事例を示してくれる。というのも、アルゼンチン人はヨーロッパからの移民だったからである。すでに言及した海外の歴史学方法論を研究するためにアルゼンチンから派遣されたふたりの教授のうちのひとり、リカルド・ロハスは、帰国して一九〇九年に『ナショナリストの復興』と題された一冊の報告集を刊行した。それは、アルゼンチン・ナショナリズムとの意図的な関連性を明確にしたものであった。そのなかで彼が論じるのは、外国の思想の影響と対峙するためには、アルゼンチン人は学校でのアルゼンチン史の教育を通じて独自のナショナル・アイデンティティを発展させなければならないということだった。アルゼンチン独立の一〇〇周年記念に、彼は『ラ・アルヘンティニダード(アルゼンチンらしさ、アルゼンチンの本質)』を刊行して、アルゼンチンの英雄的な歴史と集合的記憶を賞揚した。彼の主張は、独立運動はヨーロッパの思想によって鼓舞されたものではなく、土着の起源から発生したというものである。言いかえれば、ヨーロッパ的な歴史の研究手法は、非ヨーロッパ的ないしは反ヨーロッパ的アイデンティティを強化するために用いられうることになる。

暫定的真実

ある歴史解釈が正確な事実に立脚し、論理的に首尾一貫し、できる限り完全なものに整序されているときでさえ、その解釈の真実性は暫定的なものにとどまる。新たな事実が発見されることもあるし、完全性の指標も時代によって変化するからだ。歴史家たちは、長らく国民の卓越したアイデンティティの語りを提供することによって、国民的な一体性を支えてきた。そうした叙述を読めば、書かれた当時には気づかれなかった不完全性が明らかとなる。この愛国主義のもつ盲目作用は、ヨーロッパや西洋に限られたものではない。それは世界のいたるところで発生している。しかし、自己満足的に過去の解釈に対する優越性に浸る前に、やがて私たちの歴史が同じように不完全なものとして見えてくることを認識しなければならない。

二世紀にわたる合衆国の歴史の標準的な語りは、儀礼的にコロンブスでもって始まり、一六〇七年のジェームズタウンでの失敗に終わる試みのあと、イングランド植民地の建設で本論に入っていく。フランスやスペインはより大規模な土地を所有していたが、歴史家たちは英語と英国の政治的・法的制度が最も深淵なるところで合衆国を規定したと論じて、英国人に対象を限定することを正当化してきた。アメリカ先住民、つまり当時インディアンと呼ばれた人びとは、ほとんど無視されたのだった。定評のある教科書『あるアメリカ史』は、複数の版にわたって一九一一年から一九三三年にかけて出版されたが、著者のデヴィド・サヴィル・マジーは、北アメリカの部族とならべて現在のアフリカ系アメリカ人を描くことに躊躇《ちゅうちょ》しなかった。「彼ら（インディアンの部族）は、狩猟や舞踏をおこない、荘厳さや陽気さをもっている。こんにちのミシシッピの黒人と同じように、日向で無為に過ごすのを好む傾向にある」(9)。彼は、先住民やアフリカ系アメリカ人に真剣に注意を向けることなく、みずからの解釈が首尾一貫していると考えた。マジーが「反逆の教科書」を書いたとして非難されたのは、新生共和国の建国の父たちを肯定的に叙述していないという理由からだった。

同じように、かつての完全性に関する限界は、オーストラリアのようなほかの入植植民地の歴史にも見ることができよう。またインドや中国は言うにおよばず、イギリスやフランスのような帝国主義国の歴史にも見られる。最近までオーストラリアの学校教科書は、一七七〇年にジェームズ・クックが到着したことで始まり、先住民であるアボリジニの人びとの長い歴史は無視されていた。二〇一〇年に改訂された『オクスフォード・イギリス史』は、依然としてイングランド人の視点からの「イギリス」史を語っていた。ウェールズは統治の失敗と混乱に苦しんでいたが、イングランドは平和と良質の統治をもたらした。フランスの歴史は、ほとんど奴隷制や植民地化の暴力を無視して、フランスの歴史を宗主国の視点から語ってきた。奴隷や混血民族の生活は、ほとんど登場してこなかった。英語圏の学者は、この点でフランスの先達にならってきた。一九八九年に刊行されたサイモン・シャーマのフランス革命に関するベストセラーの歴史書『革命の主人公たち』では、一七九一年のフランス領サン・ドマングの奴隷反乱については九〇〇頁のなかのわずか一行しか紙幅を割いていないし、それもフランスにおける砂糖とコーヒーの価格の高騰についての不満を説明するための記述だった。フランスの教科書は、二一世紀の初頭にいたるまでフランス植民地における奴隷制の歴史を掘り下げることはなかった。

インドと中国のナショナリストの歴史家たちは、ヨーロッパの侵略に先立つ外国支配の経験をどのように組み込むかという問題を解決しなければならなかった。インドでは、ふたつの大きな語りが注目を集めようと競合している。ヒンドゥー・ナショナリストの語りは、インドは外国からの影響力を遮断しようと闘う本質的にヒンドゥー国家であると長らく論じてきた。そうした語りのなかでは、一二世紀にわたり現在のインドを支配していたムスリムのムガール朝は、外国勢力であり、野蛮で暴力的で抑圧的となる。これと対照的に、世俗的なナショナリストの歴史家たちは、イギリスがやってきてムスリムとヒンドゥー教徒の共同体的分断をもち込むまでは、宗教がインドを分断したことはなかったと論じた。つまり世俗的なナショナリストの主張は、初期に見られた共同体主義の表出を矮小化しようとしているのだ。二〇世紀を通じて中国の歴史家たちは、中国国家の同化作用をもつ権力を強調してきたが、それは漢民族以外の民族の統合を正当化するためでもあった。文化や文明の点で漢民族以外を劣等な存在として描く者もいた。二世紀あまり中国を支配した満州人は、能力に欠け、野蛮で文字が読めない民族として描かれている。

西欧の優位性を強調した歴史叙述はまた、広域的というよりもいまや近視眼的と思える見方を必要としていた。西欧は技術革新と文化発展(「近代性」)の起源として描かれた。東洋は、しばしばマジーがアメリカ先住民を描くために用いたものとあまり違わない独断的な性格づけで排斥された。ドイツの哲学者G・W・F・ヘーゲルは、一八二〇年代に世界史の意味を論じた講義のなかで、東洋ないしはオリエントを侮辱する長い歴史を語り始めた。「東洋はひとりだけが自由であると知っていたし、こんにちでも知っている。ギリシアやローマ世界は、自由である者がいたことを知っていた。ゲルマン人は、すべての者が自由であることを知っている」。ゲルマン人は、ルターやプロテスタントの宗教改革の恩恵を受けた。それらが、「人類の精神の自由を確保した」からである。[10] こんにちまで、多くの者が信じているのは、ヘーゲル流の自由の派生物である民主主義、自由市場、人権、法の支配が西欧的な価値であるということであり、こうした考え方のなかでは、東洋が提出しうる価値は明確ではなかった。ヘーゲルにとって、東洋は、未成熟、自省心の欠如、従属性、官能性、刹那主義を象徴していたのである。

しかし、インドや中国の事例が示すように、民族的、文化的、文明的な優越性を自画自賛する傾向は、西欧諸国に限られるものではない。非常に異なる事例をあげれば、ナイジェリアでは、ヨルバ人、イボ人、ハウサ＝フラニ人の政治家たちは、国内の権力をめぐって競合するなかで、みずからの民族の歴史を用いてその主張を正当化しようとした。歴史家のなかには、イギリスの植民地政府が、競合しているが全体としてひとつになっている民族性の観念を効率的に生み出したと論じる者もいる。しかし、歴史家のなかには民族性の感覚を構築するのに一役買った者もいる。サミュエル・ジョンソンのようなアフリカの歴史家による先駆的な試みがなかったならば、ヨルバ「国民」という言葉すらなかったであろう。ジョンソンは、口承や目撃証言の伝統を記録して『ヨルバの歴史』(一九二一年)を執筆した。イギリス統治下に、ナイジェリアの人びとは、ヨーロッパ人の到来前にはアフリカ人は文字をもたず、したがって歴史をもたなかったとする、イギリスでは当たり前の考え方に対抗して、みずからを弁護しなければならなかった。一九六〇年の独立以来、ナイジェリア人は民族による分断を経験した。ナイジェリア政府は中央政府を維持しようと試みたが一貫性を欠き、エスニックな起源で分別された地域ごとの歴史研究のために財源を配分するという事態にしばしば帰結した。みずからの集団から距離をとって、全体像を描くことは難しかったのである。

そうした少数の事例は、歴史的真実に到達するのが不可能であることを証明しているのであろうか。それらが証明しているのは、絶対的な真実を手にすることは不可能であるけれども、厳密に眺めれば、歴史的真実の基準というものは、それらが批判を促進するがゆえに、信じられないほど強靭だということである。関連する事実は、すべて考慮されてきたのだろうか。たとえば、アメリカのアイデンティティをめぐるひとつの解釈においては、フランス、スペイン、アメリカ先住民、アフリカ系アメリカ人の貢献を無視して完全なものとなるだろうか。イギリスの歴史は、もしウェールズの視点からの解釈を抜きにするならば、首尾一貫したものとはならない。歴史的解釈は、その性質からいって脆弱な構築物であり、常に新たな発見や新たな完全性の考え方に影響を受ける。エスニックなナショナル・アイデンティティを強化し、ヨーロッパの優越性の感覚を醸成するために用いられた技法と同じものは、エスニックでナショナルな語りに異議申し立てをおこない、西洋の優越感を掘り崩すためにも用いられうる。

次章で検討するように、民族や国民をめぐる語りや西洋の優越性に異議を申し立てる人びとは、一九世紀初頭以来発達してきた歴史的真実をめぐる基準と同じものに依拠している。もし合意された基準がなければ、過去についての真実を決定する方法がなくなってしまう。それどころか、真実をめぐって論争をすることさえ不可能となってしまう。論争をするためには、複数の当事者が論争の規則に同意しなければならないし、論争に勝つためにはよりよい議論をする必要がある。もし議論が進歩したり反証されたりするならば、証拠に関する明確な基準が存在することになる。議論や論争が不可欠であるのは、完全性の定義の変更を容認するからであり、歴史を研究する者に過去の解釈を変更することになる事実を明らかにし続けるよう促すからである。それらは、歴史の絶えざる民主化を刺激してくれるのである。

第3章　歴史をめぐる政治学

歴史学という学問分野は、当初は民主主義的ではなかった。だが、時間がたつにつれて歴史家の新たな集団と新たな種類の歴史学を包摂していく方向に道を拓いてきた。かつてはエリートの子弟のためにエリートの過去を叙述するというエリートの専門職であったものが、かなり緩慢としたかたちではあったが、女性、マイノリティ、移民たちを専門職に迎え入れ、またそれらの歴史を紙幅に加えるようになり始めた。その結果が、現代の国民国家やグローバルな世界における歴史学の役割に関する論争で惹起された、大きな不協和音の声であった。現代の記念碑や教科書の論争が示すのは、意見の対立は依然として激しいが、この調和の欠如をもってある重要な真実を曖昧化してはならないということである。つまり、歴史の意味をめぐる論争は、民主主義の存続のためには不可欠なことなのだ。それらは健全性の徴候であり、弱さではない。専門職の歴史の門戸開放は、みずからに深く染みこんだ偏見から歴史学を救い出すことなのである。

エリートの歴史

一九世紀の大学教育でのエリートの地位を明確にしてくれる数値というものがある。一八七〇年においては、一八歳から二四歳までの合衆国の若者のわずか一パーセントだけが、中等教育以降の制度に学生として登録されていた。しかし、この数値は、ほかの国にくらべれば高いものであった。英国では〇・三パーセントであり、フランスでは〇・五パーセントであったが、その数値はドイツや日本でも変わらない。この〔大学教育という〕極めて高度な環境においても、歴史学はいたるところで独立した学問としてすぐに登場してきたわけではない。たとえば、英国のケンブリッジ大学では、一八七三年になってようやく歴史学が独自の科目となった。それ以前には、歴史学は道徳科学や法学の一部として教えられていたのである。

一八七〇年代の歴史学は、政治史、とりわけ過去のエリートの歴史を意味していた。オクスフォード大学の歴史家と同じく、当時のケンブリッジ大学の指導的な歴史家であったジョン・シーリーは、歴史は過去の政治であり、政治は現在の歴史であると信じていた。若きエリート男性は、歴史を研究することで政治や統治のための心構えをしようとした。それどころか、シーリーにとって、歴史学は「政治家のための学校[1]」を意味していたのである。しかし、そうした学生たちは、直近の時代の歴史を研究していたわけではない。ケンブリッジ大学では、学生たちは、古代ギリシアやローマ、中世ヨーロッパ、英国国制史などを研究していた。原語での古代ギリシアやローマの研究は、あらゆる高等教育の試金石となってきた。歴史学という新しい科目にとって、古典古代は統治と政治的リーダーシップの重要な事例を提供してくれた。シーリーのような最良の試みがあるにもかかわらず、近代のヨーロッパの入り込む余地は、ほとんどなかった。ましてや世界のほかの地域などは、全く存在していないかの如くである。帝国史の教授職の地位は、ケンブリッジ大学で一九三三年に確立された。合衆国史の教授職は、第二次世界大戦のさなかの一九四四年に設けられた。

歴史学は、ハーヴァード大学においては、一八七三年にすでに確立された地位にあった。しかし、それは多くの点でケンブリッジ大学の歴史学に似ていた。すべての学生(全員男性)が、二学年目には歴史学を選択しなければならなかったし、それはローマ史の科目であった。歴史学は、多くの専門化のひとつとして追求された。歴史を専攻する者は、二学年目にローマ史や中世史を選択した。一〇世紀から一六世紀にかけてのヨーロッパ史、中世の諸制度を三学年目に、最終学年では一六〇〇年までの英国史、一六〇〇~一七五〇年の近代史(つまりヨーロッパ史)、一八世紀中葉以降の近代史などである。それらが、必修科目であり選択可能な科目であった。アメリカ植民地時代の歴史は、一八七五年になって初めて登場して、一七七六年以降の合衆国史は次の年に登場した。

学問としての歴史学は、一八七〇年代の合衆国における専門化のまさに先端に位置していた。ハーヴァード大学の中世史は、大統領の孫の曽孫であるヘンリー・アダムズによって教授されていたが、彼は歴史学の訓練を受けた者ではなく、まして中世史などの養成課程に在籍したこともなかった。しかし、彼は合衆国史としては評価の高い書物と、フランス中世に関する長らく定評のあった省察『モン・サン・ミッシェルとシャルトル』(一九一三年)を執筆した。アダムズは、中世史に加えて、植民地期アメリカ史に関するハーヴァード大学の初年度の科目を担当していた。彼はゼミナールの方法をハーヴァード大学に導入した。だが、皮肉に満ちた自叙伝のなかでは、彼がそうしたのは、彼が何も知らないからであり、「知らないことを知っているふりをして学生たちに教えることができないからであった。しかし、それを学ぶ最良の方法を見つける努力をするなかで、学生たちの仲間に加わろうと思った[2]」ことが唯一の理由であったとされる。

アメリカ歴史協会の特別委員会は、一八九八年に中等教育の歴史教育の改革についての提言をまとめたが、それは大学における古代史、中世史、英国史のエリートを対象とした教育と、移民の家族からなる市民を教育する必要性とを兼ね備えたものであった。特別委員会は、中等教育での四年間の歴史の勉強を提言した。そこでは、初年度は古代史と初期中世史に集中する。二年時は、中世史と近代英国史を対象とする。三年時は英国史、最終的に四年時に合衆国史と公民へといたる。報告書のなかでその合理的根拠とされたのは、時代の要請ということである。「現代政治を学ぶ学生は、古典古代世界の共和政や民主政が抱えた諸問題や試みや失敗などについて無知でいるわけにはいかない」。「現代の諸国家の性格は、その国家の中世的起源に言及することなく検討しても理解できない」。「一七七六年までの英国史は、私たちの歴史である」。「この種の科目で、生徒たちは完全で満足のいく歴史の概観を手にすることができるだろう。また出来事の推移をたどることができるだろう。そして現在が過去の産物であるということを理解するようになろう」(3)。この歴史は、西欧世界と合衆国の外部への言及もなかったが、特別委員会の言葉では、「かなり完璧で満足のいくもの」となるはずであった。

最初の突破

一八九八年報告書の執筆者は、少年・少女の双方にとって適合的な歴史のカリキュラムを発展させようとした。しかし、大学における歴史学が「政治家のための学校」であるかぎりにおいて、「女性の役割」は確かなものではなかった。一九一八年以前には、女性はイギリス議会に対して投票権ももたず代表にもなれなかった。女性が平等な投票権をもつようになったのは一九二八年になってからだった。一八八一年には、ケンブリッジ大学は女性が試験を受けることは許可するようになったが、一九二三年にいたるまで、実際に女性に学位を授与することには繰り返し反対し続けた。最終的には、その三年後に女性は大学の職位に任命される権利を獲得した。著名な経済学者であるアルフレッド・マーシャルは、女性は精神的に男性よりも劣っているので、ケンブリッジ大学の教育から恩恵を得るのは難しいと述べたことで知られていた。しかし、ほとんどの男性の大学人が、女性が教育科目についていけず、職を求めて男性と競合することはないだろうと考えているのは明らかだった。

しかし、一八六九年（ガートン学寮）、一八七一年（ニューナム学寮）と女子学寮がケンブリッジ大学に設立され、女性のなかには真剣に研究に従事して、講師の許可が得られれば、男子学生と一緒に講義に参加すること、研究の継続のために奨学金を獲得することなどが可能となった者も存在した。アイリーン・パワー（一八八九～一九四〇）はそうした女性のなかでも最も非凡な人物のひとりであり、のちに指導的な中世学者・経済史家となった。一九二一年にケンブリッジ大学が再び女性の学位を否定するとの決議をおこなったとき、彼女はロンドン大学政治経済学院（LSE）に職を得た。しかし彼女は、「私は非常に不本意ながらそのような選択をしました。ガートンでの閉ざされた生活には不満でしたが、学寮を愛していましたし、ケンブリッジが好きでしたから」[4]と友人に書き送っていた。

合衆国の女性は一九二〇年に投票権を獲得した。しかし、女性たちは早くから教育や専門職の点では機会を享受していた。これは、ひとつには、マウント・ホレイヨーク大学（一八三七年）、ヴァッサー大学（一八六一年）、ウェルズリー大学（一八七五年）、スミス大学（一八七五年）、ブリンマー大学（一八八五年）など女子単科大学での分離教育の成功のおかげであった。中西部から西部にかけて連邦土地基金の援助で公立大学が設立されるにしたがい、女性の入学を認めるようにとの圧力が増大した。一九〇〇年までには、女性はすでに全国で大学生の三分の一以上を構成するようになっていた。中等教育に関する一八九八年の報告書を執筆した特別委員会の唯一の女性委員、ルーシー・メイナード・サーモン（一八五三〜一九二七）は、ミシガン大学で最初に女性に認められた学士号を取得したひとりであった。

サーモンの経歴は女性が直面する困難を反映していた。彼女は一八七〇年代にミシガン大学でランケ史学のゼミナール方式の伝達者であるチャールズ・K・アダムズとともに研究をしていた。アダムズは女性がゼミナールには不向きであると考えていたが、大学院での研究期間中は彼女に助言を与え続けた。彼女は、ブリンマー大学でウッドロー・ウィルソンのもと大学院での研究を続けた。ウィルソンはのちの大統領であり、当時は政治学と歴史学の教授であった。ウィルソンは、彼女の研究にほとんど関心を示さなかった。しかし、彼女の合衆国大統領の任命権についての修士論文が刊行されると、ヴァッサー大学は、経済学、政治学と歴史学の唯一の講師としての職を提示した。彼女はすぐにゼミナールの教授法を導入して、一八九八年報告書の共同執筆者とともに、中等学校での事実の暗記から批判的思考の養成と一次史料の研究への移行を推進していった。

歴史学という専門職における女性の地位を矢にたとえれば、矢は解き放たれたあとも順調には上昇していかなかった。合衆国での歴史学という専門職における女性の地位は、実際は一九五〇年代や六〇年代に低下していたし、多くの総合大学の歴史学科は一九七〇年代にいたるまで女性を雇用することに抵抗した。一九七四年に、私がカリフォルニア大学バークレー校の助教授に任命されたとき、サーモンが最初の学位を獲得してから一〇〇年がたち、ケンブリッジ大学が女性に学位を出すことに合意してから五〇年あまりがたっていたが、歴史学科に採用された女性としては、四人目にすぎなかった。最初の女性は、エイドリアン・コッホで一九六一年から一九六五年までバークレーで教鞭を執った。二番目がナタリー・ゼーモン・デーヴィスで、一九七〇年に着任した。一九八四年に私が正教授に昇進したときには、デーヴィスはプリンストン大学に異動しており、私は四〇人の正教授を抱える歴史学科でそのような地位をもつ唯一の女性であった。

私の世代の女性の歴史家ならば、同じような経験を語れるに違いない。一九七〇年代初頭には、合衆国の歴史学の博士号の一三パーセントが女性に与えられていた。しかし女性は、主要な大学院の歴史学科のわずか一パーセントを構成していたにすぎない。その後、数十年で状況は劇的に変化していった。二〇〇八年までには、女性は、すべての歴史学博士号の四〇パーセントを占めるようになり、四年制の単科大学と総合大学の歴史学科の三五パーセントを占めるようになった。(5) 二〇一七年には、カリフォルニア大学バークレー校の歴史学科は、二六人の正教授のなかに九人の女性を名簿に掲載するようになっている。同年、シドニー大学では三七人の学科構成員のうち一五人の女性を含むようになった。連合王国では、二〇一二年には女性がアカデミックな教員の四〇パーセント近くを占めるようになっている。(6) しかし、正教授は二一パーセントにすぎない。すべての国で、学問の階梯《かいてい》を登るにしたがって、女性の数は少なくなる。

門戸を開放する

歴史の専門職への女性の参入は、門戸開放の物語のごく一部にすぎない。マイノリティ、先住民、白人労働者階級の学生でさえ、入学が許可されるには不利な条件に直面する。それは、かつて女性が直面したのと同じか、多くの場合にはそれ以上の障害であった。植民地期アメリカ史の著名な歴史家であるカール・ブライデンボウほど、あからさまにその見解を表現している歴史家はいないであろう。ダートマス大学とハーヴァード大学の卒業生で、一九五〇年から一九六二年までカリフォルニア大学バークレー校で教鞭を執っていたブライデンボウは、女性やマイノリティを受け入れる以前に白人の男性移民の流入に我慢ができなかった。一九六二年（一八六二年でないことに注意せよ！）アメリカ歴史協会の会長職就任演説で、彼は「下層中産階級」出身や「外国生まれ」の学生の増加を嘆いていた。なぜなら、「そうした人びとの情緒的なところは、歴史の復元作業の邪魔になることがしばしばであった」からだという。上流中産階級の（白人男性）歴史家は、この種の偏見をハンディとして背負うことはまずなかった。彼は排除の数十年をへてようやく専門職の内部に橋頭堡《きょうとうほ》を確立しつつあったユダヤ人男性のことを考えていたのだろうが、「こんにちの都会育ちの研究者のほとんど」には学生に過去を生き生きと語ることが難しいであろうと結論づけている。(7)

歴史学という専門職で非白人が直面している障害が、ひどく腹立たしいものであることは驚くに値しない。一九九九年になっても、非白人は合衆国で歴史学博士号取得者の七パーセントしかいなかった。新制度の歴史学博士号取得者のなかでは、約一二パーセントである。二〇一〇年までには、新たな歴史学博士号取得者に占める人種的・民族的マイノリティの割合は、ほぼ一九パーセントにまで増加した。二〇一〇年の統計によれば、その時代の全人口の二八パーセントが非白人だと報告されている。合衆国における歴史学は、この点で長らくほかの学問分野に遅れをとってきた。この点は、連合王国においても同様である。しかし、比較できる統計を見つけることは難しい。高等教育統計機関（HESA）によって蒐集されたデータによれば、二〇一五年には、連合王国の大学の学部生と大学院生の一年生全体の二二パーセントが、エスニック・マイノリティ出身である。それは、大学生の年齢のエスニック・マイノリティの割合よりもわずかに高いものとなる。しかし、(一緒にカテゴリー化すれば)歴史や哲学の研究は、二〇一五年のエスニック・マイノリティの学部学生のわずか一〇・七パーセントが魅力を感じているにすぎない。

しかし、数値は全体的な物語を語ってくれるわけではない。二〇〇五年に刊行された自叙伝のなかにおいて、アフリカ系アメリカ人で最初のアメリカ歴史協会の会長であったジョン・ホープ・フランクリン(一九一五〜二〇〇九)は、生涯で直面した人種差別的侮辱をごく簡潔に回顧している。六歳の頃、うっかりして白人のための予約席に着席したために汽車への乗車を拒否されたこと。一九歳の頃、ミシシッピ川であやうくリンチされるところだったこと。二一歳の頃、ハーヴァード大学の大学院生としてデートのときに給仕を断られたこと。四〇歳の頃、南部の地方文書館で「ハーヴァードのクロ」と呼ばれたこと(南部の文書館のなかには、アフリカ系アメリカ人の入館を拒否するところもあった)。八〇歳の頃、彼も会員のひとりであったワシントンのクラブで、使用人ではなかったのに白人のコートを掛けるように求められたこと。差別のリストは続く。マイノリティの学生にとって大学のなかで出世するのがいかに難しかったのか、現在でも難しいのかを理解することは不可能に近い。フランクリンがハーヴァード大学でそうであったように、たとえ教授が共感をもってくれたとしてもである。

最近の調査が証明しているのは、イギリスの大学でも、エスニック・マイノリティは依然として孤立して、周辺化され、排除されていると感じていることである。広範な影響力をもってきたジャマイカ生まれの文化批評家スチュアート・ホールは、一九五一年にローズ財団奨学生のひとりとしてオクスフォードに着いたときには、あからさまな人種差別を経験することはなかったが、「教室では唯一の黒人学生であることが常であった」。公式にはオクスフォード大学は、黒人学生に対しては丁重な取り扱いをしていた。「私たちは非常に少数だったので、脅威を体現する存在というよりも、何か風変わりなものとして見なされていた」。しかし、パブや喫茶店などに入ると、「私の身体は緊張するのが常であった。というのも、ひとが私を見る理由が彼らにとって私が何か違ったやっかいな存在だからであることを知っていたからだ」(8)。高等教育統計機関によれば、二〇一五年と二〇一六年に、英国の大学で黒人のアカデミック・スタッフは二パーセント以下で、アジア人は八パーセントにすぎなかった。

学生や研究者、とりわけ歴史学の教授職の構成面における変化は、最初はゆっくりと進んで、その後になってようやく加速化されていった。したがって、歴史研究とみなされるものが、最初は緩慢としたかたちで、その後、最近の数十年間にさらに根本的な変化を経験したことは驚くべきではなかろう。これまで述べたように、ヨーロッパや合衆国の大学における歴史研究は、最初はギリシアやローマならびに中世ヨーロッパ史を対象としていた。国民史は、一八〇〇年代の末までにより多くの紙幅を割くようになり、一九一〇年代までに少なくとも合衆国においては支配的な講義科目となっていた。一九一一年のハーヴァード大学の要覧は、多くの歴史研究の科目を掲載していた。近代ヨーロッパ史に当てられた科目のほとんどすべてが、ひとつの国民国家に関心をおいていた。英国とフランスが最も詳細に取り扱われているが、近代のドイツ、イタリア、ロシア、スペインなどについて個別の科目が存在した。専門化の時代が始まったのである。重心は古典古代の世界から近代へと移行し、その結果として国民国家が歴史研究と歴史教育を規定するようになった。しかし、合衆国史は、一八七〇年代よりも多くの講義の主題となってはいたが、依然として中世や近代のヨーロッパ史によって影の存在となっていた。合衆国においてさえ、合衆国史が歴史研究の中心に位置することはなかったのである。

合衆国の大学の歴史学科が合衆国史よりも中世や近代のヨーロッパ史に注目したことは、エリートにとっての指標であり続けた。カリフォルニア大学バークレー校歴史学科の二〇一七年のウェッブサイトによれば、中世や近代のヨーロッパ史の教授が一六人、合衆国史の教授が一三人、名簿にあげられている。しかし、二〇一五年全体でみれば、合衆国の四年制の単科大学や総合大学の学部では、四一パーセント以上が合衆国史を教えており、それに対して三二パーセントがヨーロッパ史を教えている。一九七〇年代以降はヨーロッパ史の講座や教授の数が着実に低下している一方で、非西欧世界に特化した学科の割合は増加している。したがって、合衆国では学生総数の民主化にともなって、ヨーロッパの衰退と非西欧世界の台頭が進行している。それはひとつにはヨーロッパ史がエリート的であるだけではなく、白人のものに見えるからなのであろう。

しかし、歴史学の主題の民主化は、明白な地理的領域の変更ではなくアプローチの変容に由来するものであった。新たな方法は、先駆的な女性史家であるルーシー・サーモンやアイリーン・パワーのような、相対的に外部の者からの刺激によって手にすることがある。サーモンはもともと政治史家であったが、社会史へと関心を転じた。最初の本は家内奉公人に関する書物(一八九七年)で多くの書評の対象となったが、次の作品はこんにちでは物質文化と呼ばれるものの研究の重要性について論じた卓越した論文集であった。たとえば、『裏庭の歴史学』(一九一一年)のなかでは、彼女は垣根を用いて土地調停についての法制度を論じ、また庭園を用いて一見ありふれた植物のグローバルな起源を論じた。アイリーン・パワーは、社会史に対して(『中世の人びと』一九二四年)、また女性史に対して(『中世英国の女子修道院』一九二二年)決定的な貢献をおこなった。またサーモンと同じように、こんにちのグローバルな「結合」理論を予感させるような旅行記のシリーズを共同編纂した。彼女が共同編纂者のE・デニスン・ロスと会ったのは、一年間の研究休暇での世界旅行の途中にインドと中国に行ったときのことだった。

新たなアプローチが、二〇世紀の歴史学に対して絶えざる革新を波状的にもたらしてくれた。それらが共有していた主張は、伝統的な政治史、すなわち国王、議会、戦争、条約などの歴史を乗り越えていくことだった。一九〇〇年代の最初の一〇年から、革新的な歴史家たちは、人類学、社会学、経済学との新たな同盟関係を要求してきた。支配者の名前や生没年、また条約の名称や年代に代わって、庶民の思考慣習や生活様式にもっと注意を払うべきだと論じたのである。

そうしたアプローチのなかでも最も影響力のあるものが社会史と呼ばれるようになった。それは、労働者、奴隷、先住民、植民地人、女性やマイノリティなどのかつては無視されてきた社会的カテゴリーに注意を向けたからであった。サーモンやパワーのような少数の先駆者たちは、早い時期に正しい方向性を示していた。しかし、社会史は一九六〇年代や一九七〇年代になってついに流行の時期を迎えることになった。教区簿冊、国勢調査、異端審問記録、警察文書、行為の指南書、家計簿などの研究が、歴史家たちに議会や外交文書などの公式文書を超えて、危機の時代であろうとも、長期のものであろうとも、庶民の生活に到達することを可能にしたのである。

一九八〇年代と一九九〇年代には、文化史がこれに続くことになる。社会史家と同じように、文化史家も先達を批判することによって最先端の位置を確立しようとしたのだった。社会史家は、伝統的な政治史はあまりにも狭隘であって、庶民の経験を組み込むことができないのを発見した。文化史家によれば、社会史家は、奴隷、労働者、女性などの固定的な社会的カテゴリーを用いて仕事をしてきたのであり、カテゴリーそのものがどのように意味をもちうるようになったのかを検討することはなかったのであった。文化史家は、人びとがその世界を理解するために用いたカテゴリーを研究した。たとえば、フランス革命期の暴動に参加した群衆の社会的構成を分析するのではなく、文化史家は暴動参加者たちが異議申し立てをしていた象徴や彼らのお気に入りの対象に目を向けた。もはや研究者は、文化的な特徴が自動的に社会的なアイデンティティから派生することを前提とはしなくなった。文化的な意味が社会的アイデンティティを規定するのである。

一九九〇年代、とりわけ二〇〇〇年代から、歴史家たちは、同時に多様な方向に向かっての探究をおこなってきた。グローバルな結合、環境、宗教、人種や民族、ポスト植民地主義やポスト権威主義社会の運命、これらすべてが研究課題となったのだ。そこではひとつのアプローチが優勢となることはなく、政治史でさえ復権してきた。一九七五年から二〇一五年にかけての合衆国の歴史家によって利用されているアプローチ上の変化についての最近の調査は、最も人気があるのは女性史とジェンダー史であり、社会史、思想史、外交史の人気が最も大きく下落していることを示している。多くの小規模な研究分野の人気も上昇してきたが、それはかなり低い水準を出発点としてのことだった。すなわち、環境史、宗教史、人種とエスニシティ、そしてパブリックヒストリーである。しかし、最も顕著なことは、多様なアプローチが巨大な数にのぼることである。女性史とジェンダー史、そして文化史は、二〇一五年において単一のものとしては最大規模の分野であるが、歴史家のわずか一〇パーセントが登録されているにすぎない(9)。歴史学はいまや、古代メソポタミアのゴミ箱から現代のシドニーのサーフィンまであらゆるものを含むようになっている。しかし、歴史学がもはや「政治家のための学校」でなくなったとすれば、いったい何のためにあるのだろうか。

歴史とシティズンシップ

歴史学は「政治家のための学校」ではないけれども、一九世紀末に大衆政治が誕生して以来、それは依然として「シティズンシップのための学校」である。しかし、シティズンシップはより広く定義されている。それは、もはや国民国家への帰属だけを意味しているのではない。もちろん、その意味は現在でも有効である。だが現在のシティズンシップは、国民、つまりその国民国家の諸個人が、どのようにしてより広域的でグローバルな、さらには広大な宇宙にさえも組み込まれているかに関するものである。国民史は、初等・中等教育で優先順位を与え続けられるであろう。それは、投票権と同じように、シティズンシップのほとんどの法律が依然として国民国家の枠組のなかで制定されていることによる。ヨーロッパ連合をめぐる苦悩が示してきたのは、潜在的な国民感覚の不在のもとで、多国家間に主権を確立することが容易ではないということである。そうした理由のために、ヨーロッパ連合は加盟国でのヨーロッパ史の教育を強化するよう促してきた。逆説的なことだが、単なるフランス史、ドイツ史、イギリス史ではなく、ヨーロッパの歴史はヨーロッパそのものよりも合衆国でずっと長い歴史をもってきた。なぜならば、合衆国におけるヨーロッパの歴史は、第一にエリートを養成することに、そして両世界大戦の到来とともに、合衆国とヨーロッパの連合国とのあいだの共通の価値を創出することに役立ったからだった。ヨーロッパの戦争が遠のくと、そうした役割は後退していった。合衆国の政府は、ラテンアメリカやアジアにおける発展にますます関心をもつようになった。

グローバルヒストリーと国民史は、いまや合衆国ではともに発展している。それは、ひとつには合衆国の政治経済的利害が地球規模なものであるからというだけではなく、世界中から移民が合衆国にやってきているという事実によるものであろう。合衆国での外国生まれの人口比におけるヨーロッパ系の割合は、一九六〇年には七五パーセントであったが、ラテンアメリカやアジアからの移民が急増するにつれて、二〇一四年には一一パーセントに急落している。したがって、合衆国における国民の語りは、非ヨーロッパ諸国出身のアメリカ人についてより多くを含むようになっているが、依然としてヨーロッパ系のアメリカ人はみずからの立場には強い自尊心をもっている。よりいっそう顕著なのは、中等教育や大学教育においてでさえ、合衆国史の補助的な科目としての役割がヨーロッパ史から世界史にほとんど取って代わったことである。米国大学協議会による飛び級試験において、ヨーロッパ史を選択する者の二倍の数の高校生が、世界史を選択するようになっている。

グローバルヒストリーと国民史は、ともに連合王国でも発展してきている。なぜなら、イギリスは一七〇〇年代の早い段階で世界規模の帝国を保持しており、イギリスにも世界中から移民がやってきているからだ。連合王国における外国生まれの人口は一九九三年から二〇一五年にかけて倍増しているし、二〇一五年までに人口の一三・五パーセントを構成するにいたっている(比較の数値としては、合衆国ではほぼ一三・七パーセントが確認できる)。(一五~一六歳の生徒が受験する)歴史の全国統一試験に対する連合王国政府の指針は、少なくとも四〇パーセントがイギリス史の内容を含み、三つの地理的領域に対して関心を払うように求めている。つまり、ひとつのローカルな地域、ついでイギリス、そして背景となるヨーロッパや広域的な世界というものである。したがって、広域的な世界史にはヨーロッパ史と同じくらいの比重が置かれている。

グローバルヒストリーに対する関心の増大は、連合王国における歴史学科の構成のなかに見て取ることができる。二〇一七年にケンブリッジ大学に名前が記載されている歴史学の教授は、その四分の一以下がイギリス史を最も重要な研究対象としている。その一方で、三分の一以上がヨーロッパ史、ほかの三分の一が西欧以外の世界を対象としている。ウォーリック大学では、アカデミックな教員のほぼ三分の二以上が、何らかのグローバルな問題に関心を示しており、教員の約半分がヨーロッパ史に関心をもち、同じく半分がイギリス史に関心をもっている。オーストラリアでのグローバルヒストリーへの関心が高くないように思われるのは驚くべきことではなかろう。しかし、オーストラリア史とされているもののほとんどが、合衆国や連合王国の基準では定義上グローバルヒストリーに数えられるものなのである。二〇一七年には、シドニー大学のアカデミックな教員の三分の一が主たる関心をオーストラリア史として記載していた。そして、三分の一をわずかに上まわる程度がヨーロッパ史、一五パーセントが合衆国史、一五パーセントが非ヨーロッパ史をあげている(10)。

国民史に対して、また国民史の内部での多様な集団に対して与えられた関心の多寡は、問題を提起し続けるだろう。合衆国では、二〇一四年八月に共和党全国委員会が、新たに発表された高等学校における早期履修コースでの合衆国史を非難する決議を通過させた。そこでは、「私たち国民の歴史の否定的な側面を強調して積極的な側面を省略するか極小化するような、アメリカを根本的に見直す見解を反映している」と主張していた。二〇一五年には、ひとりのオクラホマの州議会議員が州の教育委員会に、新制度の導入を拒絶して、マグナ＝カルタ、モーゼの十戒、ロナルド・レーガンの演説などを含む「基礎的な」資料を教えるように求める請願を提出した。その議員は、「黒衣連隊」の会員だった。団体のウェッブサイトによれば、黒衣連隊は、「神と救世主イエス・キリストのために立ち上がり、神の力によって鼓舞された合衆国憲法で道徳的国民に認められた自由を擁護する聖書の責務」を教えるネットワークであった(11)。彼らにとって教会と国家の分離などありえないことであった。その請願は猛烈な批判を沸き起こしたために撤回されたが、繰り返される彼らの不満によって制度の改訂がなされ、アメリカの例外主義と建国の父たちにより強調点が置かれるようになった。

連合王国における論争は合衆国ほど悪意に満ちたものではないが、同じように執拗なものであった。島国性に関わる懸念はイギリスでは長い歴史がある。一九二六年には、初等教育レベルの学校で教えられている歴史があまりにもイギリスやイギリス帝国に排他的に焦点を当てており、世界史が教えられることは滅多にないと、学校視察官による懸念がすでに表明されていた。世界史に対してより関心を払うことは破滅的な世界戦争の勃発を予防する効果があると、視察官は問題提起していたのである。こうした希望は無邪気ではあるが、学校でイギリス史に置かれるべき比重については定期的に論争を引き起こした。保守党の教育大臣マイケル・ゴーヴが、二〇一三年に学校カリキュラムにより多くのイギリス史を配分することを狙う改革を導入しようとしたとき、現場の教師や指導的研究者などから反対の声が沸き起こり、改革の撤回と後退を余儀なくされた。逆に、より多くの世界史を含むこと、移民やイスラーム教徒の歴史を教える自由が与えられることになった。

こうした論争が多様なかたちで世界中のいたるところで発生しているが、それらは地域の政治的ならびに地政学的状況に対応して異なる形態をとっている。台湾では、学者や官僚が学校カリキュラムでの中国本土の歴史に対して台湾人に相対的に置かれるべき比重について論争している。

カナダでは、英語話者のカナダ人の歴史にもっと注意を払うべきだとする人びとと、フランス語話者のカナダ人の歴史により多くを割くべきだとする人びとのあいだで論争が起こっている。ブラジルには、先住民やアフリカ系ブラジル人の歴史をもっと組み込んでいくことに積極的な教育者がいる。南アフリカの教師たちは、人種差別的なアパルトヘイト体制を支えたカリキュラムから包摂的で民主的なカリキュラムに変更しようと努力してきた。

ときに世界史は、合衆国や連合王国でのように多文化主義に対するより大きな関心を意味することがある。そうした事例では、多文化主義は、国民の権利のニーズを否定することなく国民を超えたかたちで広がるシティズンシップの概念を意味している。しかし、グローバルヒストリーの真にコスモポリタンな形態とは、初等学校や中等学校で教えられている国民史に取って代わることではない。歴史が国民的な凝集性を創出するうえで不可欠の役割を果たしている以上、そのような形態が望ましいかは明らかでない。歴史はひとつの視点から書かれるが、コスモポリタンな視点とはどのようなものであるかは明らかではない。特定の場所に依拠しない視点なのだろうか、いくつかの異なる地域からの視点なのだろうか、それとも外界である宇宙からの視点なのだろうか。

グローバルな視点は、依然として形成の途上にある。ひとつには、さまざまな場所が同じような種類の論争的な問題に直面しているからである。新しい組織や雑誌が、国境を越えて多様な国民的な論争について意見を交換するためのフォーラムを提供している。二〇〇四年には、そのような議論を促進するために歴史教育者の「国際研究ネットワーク」(HEIRNET)が設立され、雑誌『国際歴史学習、教育、研究評論(*International Journal of Historical Learning, Teaching, and Research*)』の刊行を開始した。『国際歴史教育評論(*International Review of History Education*)』は、同じような目的のためにある。二〇一七年の「国際研究ネットワーク」学会報告の公募要項には、「気候変動、グローバルな紛争、大量移民、ナショナリズムの台頭など現在の多元的な危機」[12]への言及がある。ナショナリズムは長らく歴史学と友好関係にあったが、ときおり主要な敵ともなりうるのだ。

教科書と同じように、学習指導要領は熱い論争の的となる。なぜなら、それらはナショナルなアイデンティティの心臓部に関わることだからである。それらが常に変化しているのは、ナショナルなアイデンティティが決して最終的なものとして固定化することはないからだ。歴史がそのことを証明している。歴史に関する論争は、政治体制が安定して、国民の過去を再考して再定式化することが可能なときに発生する。歴史的真実をめぐる議論を遮断することは、専制主義と手を携えて進んでいくことになる。

香港がイギリスから中国に返還されてから一五年後の二〇一二年には、中国は中国共産党を「進歩的で、献身的で、統一された」ものとして自画自賛する一方で、一九六〇年代後半から一九七〇年代初頭の文化大革命の暴力や一九八九年の天安門広場での反体制派への血なまぐさい弾圧については控え目に扱うような新カリキュラムを導入した。こうした洗脳に対しては何万人もの親たちによる抵抗のデモがあったにもかかわらず、政府は新たな基準を強制していった。スペインでのフランコやポルトガルでのアントニオ・サラザールなどの権威主義体制は、共産主義のような新たなイデオロギーを注入しようとすることはなかった。それに代わって、教師や教科書を監視して、家族、カトリック教会、国家などに服従する伝統的価値を教えようとした。公式の儀礼や出版物において、サラザールはポルトガルの何百年もの歴史を生まれながらに継承する者として描かれた。サラザールは教育の民主化に反対して、民主化は秩序ある社会にとって必要な階層制度を掘り崩すであろうと論じたのである。その一方で、南アフリカのアパルトヘイト体制下の教科書は、神が白人と黒人の永遠の分断を秩序化したと教えた。

ほかにも数え切れないほどの事例を引用することができるが、一九一五年から一九一六年のトルコ政府によるアルメニア人虐殺についての記述に対する反応は、国際関係を揺るがし続ける事例を提供してくれる。トルコ政府自身は、オスマン帝国が東アナトリアからアルメニア人を追放したときに何万人ものアルメニア人が死亡したことを認めている。意見の一致を見ないのは、まず死亡者の数である。トルコによれば三〇万人、アルメニア人によれば一五〇万人であるとされる。次に、とりわけその内容であり、それは意図的になされた民族の大量虐殺ではなかったのかという意見がある。意見の一致を見ない領域があるので、それが虐殺ではなかったとするトルコ政府の解釈が間違っているという点が問題なのではない。そうではなく、政府が論争を妨害していることに問題があるのだ。トルコ政府は、「トルコ人を侮辱すること」(二〇〇八年には改訂されて「トルコ国民を侮辱すること」という表現になった)に反対する法律を用いて、その事件に厳しく光を当てようとする作家や学者を脅迫したのである。

しかし、過去と現在の権威主義体制が歴史を操作し記憶を支配しようと試みるにもかかわらず、歴史と記憶はそうした統制を突破するひとつの方策でもある。それは、歴史学という学問のなかで訓練をされた者によって執筆され教えられる歴史によるところが大きい。歴史はエリートによるエリートのためのエリートについての学問として始まった。しかし時間がたつにつれて、歴史の記述や教育も変化してきた。歴史は民主主義社会の防衛のための最前線ではないかもしれないが、最前線に近い位置にあることは間違いない。なぜなら、歴史の理解は、捏造とも言える意図的な誤報のもたらした混迷状態を突き抜けて進む能力を高めてくれるからである。さらにいえば、歴史は、アイデンティティをめぐる論争に常に再生可能な領域を提供し続けてくれることで、民主主義的な社会を強化してくれる。新たな関心、新たな研究者、新たな史料、これらが、そうした領域を再活性化してくれる。再生と論争の過程で、集団、国民、世界はより強固な基盤を手にすることができる。次章では、歴史学をこんにちの多様な生活の諸側面を理解するための入り口にしてくれる新たな方法やアプローチのいくつかを検討することにしよう。

第4章　歴史学の未来

歴史学によって教えられるシティズンシップは、いまや地理的に広域で時間的に長期の対象への関心を含むようになっている。この歴史学の対象の拡大と深化は、歴史学という学問と生活のなかにおける歴史学の役割の変化を反映している。環境史や気候変動の歴史のような新たなアプローチは、地球上のすべての人びとが直面している懸念に対応する刺激的で新たな視点を切り開いてきた。人びとの圧倒的多数は、公式にはひとつの国家における市民であるが、単一の国家やヨーロッパ連合のような広域的な連合体の市民としてでさえ、私たちの誰もが歴史との関連でそれぞれ別なアイデンティティを保持している。家族、近隣関係、エスニシティ、性、セクシュアリティ、地域など、私たちが誰であるかを規定するとされる局所的なアイデンティティをもっているからだ。同時に、急速な技術や経済の変化、予期せぬ戦争、テロリズムの衝撃、伝染病の拡大、人口の大量移動、壊滅的な気候のもたらす出来事など、グローバル化しつつある世界の一部であることを意味する諸問題に直面している。したがって、歴史は未来に対する大きな行動計画をともなう。だが、同時に、歴史の最も永続的な魅力というのは、現在の関心事に対する視座を与え、そこからの一種の解放感を与えてくれることにある。そうした安堵の念は、現実からの逃避主義ではない。私たち自身の偏見から離れて距離感を確立しようとしていることは、集団や国民の賛美というものに対するより批判的な態度であり、他者や他文化に対する寛容な態度である。歴史学には独自の倫理性がつきまとうのである。

地球の歴史

私たちは、地理的ならびに時間的単位の重なり合うなかで暮らしており、それらはそれぞれの歴史の見方に影響を与えている。多くを語らなかった私の母方の祖父は、西ウクライナから合衆国のミネソタ州という中西部に移住してきた。私が若い頃、ウクライナをロシア領と呼んでいたのは、ウクライナはソヴィエト連邦の一部であったからだ。祖父はドイツ語の話者で、祖母は西部ミネソタの農場で生まれたが、ドイツ語を第一言語として話していた。パナマで生まれたことが私に明白な影響を与えたとは言えないのは、二歳の頃にミネソタへと戻ってきたからだった。したがって、一九五〇年代から一九六〇年代にかけて成長してゆくにつれて、ラテンアメリカの歴史ではなくヨーロッパ史、とくにドイツ史の研究に惹かれていったことを思い出す。私がアメリカ人であったことは、信じられないほど幸運であったように思われる。そして、私の母親は大学にこそ通ったことはなかったが、私には白人の中産階級であることからくる利点があったのはよくわかっていた。大学では、ナチス時代のドイツに暮らしていたら、どのようになったかについて(私の祖父の名前はアドルフであった!)、多くの時間を友人たちと議論しながら過ごしていた。私ならば、ユダヤ人、共産主義者、同性愛者、ロマ、障がい者におこったことに抵抗したであろうか、あるいは目をつぶったであろうか、と。

あらゆる歴史家は、専門領域を選択した理由については語るべき物語をもっている。逆説的なことだが、ドイツではないという理由から、私はフランス史を選択することになった。ヨーロッパを訪れたことはなかったが、小説家のF・スコット・フィッツジェラルドと同じ故郷で育ったこともあり、ドイツのどの都市よりもパリのほうが魅力的であると想像したのだった。そして、それは正しかった。とりわけ、ドイツの東西への分断は、ベルリンを研究対象から除外させることになった。フランスのフランス史家は、世界的な影響力をもつ方法論を開発しつつあった。博士課程の一年生であったとき、私は依然としてドイツ史を専攻していたが、フランスは一九六八年の五月革命を経験していた。それもあって、私はナチスを権力につかせた悪い革命ではなく、良い革命として一七八九年のフランス革命の研究に集中しようと決意した。革命が時代の雰囲気であった。私は、革命というものが何を意味するのかを理解したかったのである。

しかし、私たちは、みずからの地理的・時間的な制約を突破していく。大学に通ったり、都市で生活したりすると、世界中の言語を耳にすることになる。そうした土地に関係がなかったとしても、インドネシアやナイジェリアやペルーの歴史に熱中するかもしれないし、研究の過程で新たな関係のネットワークをつくりあげるかもしれない。さらにいえば、自覚していようがいまいが、身の周りのすべてのものは、その痕跡が容易に可視化される過去二、三世紀といった時代だけではなく、永遠の時間がつくりあげた堆積物なのである。歴史は時間に関わるすべてを対象とする。だが、驚くべきことに、最近まで歴史家たちはそのことにほとんど関心を向けてこなかった。そうした状況も変わりつつある。

西欧で発達した歴史学という学問は、時間に対する三つの主要なアプローチを採用してきた。すなわち、模範の探索、進歩の投影、最近では、いい言葉が見つからないのだが、「全地球的時間」というものがある。三つのアプローチを時系列的な順序で描くことも可能だが、三つのものすべてが依然として現役続行中である。

一九世紀に歴史学が大学での学問としてかたちを整えるにつれて、エリートの青年男子はギリシアやローマの歴史を日常的に教授されてきた。なぜなら、古代の偉大なる雄弁家、政治家、将軍たちは、模範、つまり政治や軍事的指導者のありうる最良のモデルとして考えられたからだった。歴史学は、こんにちでも依然としてこのようにして機能しうる。というのも、人間の想像力は、過去の人間を発見しその境遇から学ぶために、何世紀、いや千年を飛び超えていくことができるからである。かつての合衆国大統領のビル・クリントン（在任一九九三〜二〇〇一）や前中国首相の温家宝（在任二〇〇三〜一三）のような多彩な政治家によって言及されているのは、ローマ皇帝マルクス・アウレリウス（在位一六一〜一八〇）の著作の影響についてである。「賢者にとって、人生とは問題であり、愚者にとって、それは解決策である」と皇帝は記している。多くの人間が抱える問題は、永遠のものである。

一八〇〇年代の中葉から一九〇〇年代の中葉までに、多かれ少なかれ、模範の探索は、歴史にとっての第二のアプローチに道を譲っていくことになった。つまり、進歩の投影である。歴史というものは、地球全体を包摂する単一の直線的な進歩として見なされるようになった。未来はかつての黄金時代からの堕落、あるいは必然的な興亡の循環の産物というよりも、進歩したものを意味するようになった。その結果として、過去はもはや現在に対する導き手ではなくなった。過去は克服されるべきもの、また拒絶されるべきものとなった。いまや歴史家たちは近代人を古代人よりも優れたものと見なし、その帰結として西欧や西洋を残余の世界よりも優れたものとして描くようになった。進歩への信仰は、理性と科学の勝利によって裏づけられ、ほかの地域に対する西洋の優越性の感覚を強化するのに役立った。西洋とその世俗化された近代性の形態が、全世界の未来を意味していたのである。

ドイツの哲学者ヘーゲルは、影響力のある発展モデルの学説を展開した。それは、欠陥をもつにもかかわらず、依然として強力な思想的影響力を発揮している。ヘーゲルは、一八二〇年代におこなわれた歴史哲学に関する講義で、全地球的な歴史は単一の歴史の一部であるという前提から始めている。そのなかでは、キリスト教の神が大きな役割を演じている。だが、それは人間によって理性にもとづく精神という神聖な原理が表現された場合に、初めてそのようなものとなる。要するに、単一の世界の歴史は、世俗的な枠組で分析されねばならないのだ。つまり、宗教は歴史と哲学に従属しているのである。

ヘーゲルにとって、この単一の歴史は理性にもとづく精神の段階的な勝利を示してきたとされる。しかし、そこには特徴的な空間的位相があった。「世界史は、東から西へとむかう。ヨーロッパは究極的に歴史の終着地であり、アジアは始まりであるからだ」と主張する。東洋が意味するのは、「歴史の幼年期である」(1)。ヨーロッパだけが、とりわけゲルマン人の土地だけが、理性と自由の洗練を遂げて成熟した。それにもかかわらず、ヘーゲルは、将来は合衆国が歴史の中心へと躍り出ることを予期していた。ヘーゲルは、技術的な進歩や経済発展には関心がなかった。彼にとっての進歩の指標とは、すべての市民に法の下の平等を保障する官僚制国家の勝利にあった。彼は奴隷制を本質的に不正なものと考えていたが、それは漸進的にのみ廃止されるべきものと考えていた。しかし、女性は男性と同じように自由な市民になる可能性はなかった。ヘーゲルによれば、彼女たちの運命は、普遍的に合理的な言葉で自由を概念化する能力によってではなく、家族によって決定されていた。

ヘーゲルの言葉のなかに、ヨーロッパ中心主義、性差別主義、人種主義の徴候がうかがわれるという理由で、〔現在に生きる私たちが〕ヘーゲルに対して優越感を感じてはいけないだろう。その前に、そうした判断のなかにある暗黙のアイロニーを考察することが必要となる。「振り返って」みた場合に、ヘーゲルの欠陥を発見できるようにしているのは、歴史が進歩するというヘーゲルの感覚なのである。それは、ちょうどヘーゲルがアジアやギリシアを顧みて、その欠陥を見て取ったのと同じようなものとなる。ヘーゲルが確信していたのは、歴史の進歩が明らかにするのは、過去には隠されていた歴史の真実であり、真実というのは自由の一種の内的なテロス（終末や目的を意味するギリシア語）であるということだった。彼の解釈は、歴史におけるすべての事象が最終的な目的や目標につながっているという意味で目的論的である。もし世界史が自由な意識の発展であるとすれば、歴史で発生するすべての事柄は、その目的にかなう傾向にある。しかし、たとえ私たちの時代に適合的なように〔最終的な目的や目標が〕刷新されていたとしても、私たちは同じ過ちを犯してしまうのを避けるのが難しいと認めざるをえない。もし歴史が自由に向かっての前進や発展でないとすれば、それはどのような意味をもちうるのだろうか。歴史学は、資本主義の勃興、近代性の拡散、グローバリゼーションの拡大、中央集権国家の権力の増大、これらすべてに関わるものなのか、あるいは別な何かに関わるものなのだろうか。非目的論的な歴史、つまり内的な衝動のない歴史は、面白いのだろうか。この問題は、依然として論争が尽きないところである。しかし、少なくともヘーゲルは、それを力を込めて問題化したという点で賞賛に値する。

進歩への信仰は、ヘーゲルや歴史家、そして知識人一般に限られるわけではない。第一次世界大戦まで、悲観主義者による警告があったにもかかわらず、西洋の教養ある人びとは、知識は増大し、技術は改良され、経済は成長し、教育は民主化され、代議制政治が勝利すると信じていた。異なるリズムと浮き沈みを繰り返しながら、近代化がいたるところで進行していた。第一次世界大戦の無益に思われる地獄のような塹壕戦、一九二九年の大恐慌、一九三〇年代のファシズムの台頭は、進歩の物語に対して大きな疑問符を投げかけたのである。第二次世界大戦のおぞましい数の死者、官僚主義的に組織された六〇〇万のユダヤ人虐殺、地上の生命を大量に破壊する可能性をもつ原子爆弾の開発と効率化などが、進歩に対する疑念をよりいっそう切実なものにした。テクノロジーは大規模な殺戮を惹起することがありうる。国家権力は邪悪な目的に資する可能性もある。高度に教育を受けた豊かな人びとが、人種差別的な政策を支持することもありうる。科学が地球を破壊することに貢献する可能性もある。進歩への信仰は消え去ってはいないが、問題視されているのだ。

時間に対する第三のアプローチは、全地球的時間である。これは、まさに始まったばかりである。地球と環境の変化を対象とする深く広い意味での時間感覚をめぐって、歴史学の領域でのさまざまな発展を統合するには、考えられる最良の言葉であると思われる。このアプローチは、地球の歴史をあらゆる側面から論じるためのものとなる。つまり、すべての人間のみならず地球上のあらゆる生命体に存立の余地がある歴史の概念であり、多様な要素がともに寄りそい、みな同じように居住して多様な経験をする時間的環境を創出していることを認識するための時間の観念なのである。だが、その時間の感覚は、私たちが同じ歴史に参画しているというヘーゲルの主要な原理のひとつに起源をもっている。しかし、ヘーゲルの歴史とは異なり、私たちの時代の地球の歴史は、西洋の優越感を投影したり、ひとつの性、人種、国民、文化の優越性を投影したりすることはない。

長期の時間の感覚が必要なのは、地球温暖化や環境破壊をめぐって地球そのものが関心の対象となっているからである。一八世紀や一九世紀を通じて、地質学者は、聖書が教えるよりも地球は齢を重ねていることを証明してきた。その時代までキリスト教世界のほとんどの人びとは、天地創造は紀元前四〇〇〇年頃に発生したと信じていた。とりわけ影響力のあったひとりのプロテスタントの聖職者ジェームズ・アッシャーは、さらに時間を特定していた。一六五八年に刊行された著作のなかで、彼は紀元前四〇〇四年一〇月二三日の前の夜を起点として宇宙が創造され、時間がその時点から始まったと論じた。その当時イギリスで使用されていたユリウス暦では、一〇月二三日がその日にあたる。私たちの暦では、九月二一日となる。科学者たちは、何千年から何百万年、そして何十億年と地球の年齢をより旧いものにしようとしてきた。地球のより旧い年齢の発見は、何が歴史と考えられるかについてのアカデミックな歴史家たちの考え方を直接的には変化させるものではなかった。文字の発明以前のすべてが、先史時代の一部として考えられているからだ。それは考古学や人類学の対象であり歴史学の対象ではない。文字の発明は紀元前三一〇〇年頃にまで遡ることができるが、それは聖書の研究から派生した初期キリスト教の年代記作者によって与えられる時間の枠組とさして異なるものではない。

さらにいえば、神聖なるものは、西洋における歴史的時間の緩慢とした世俗化にともない消滅したわけではない。神聖なるものの感覚は、キリスト教の神から神授権をもった統治者や国民へと移行していった。いまや国民それ自体が神聖なものとなっている。少なくとも国民の神聖さは、二〇世紀に歴史研究の新たな潮流によって挑戦を受けるまで続いた。教科書、学校カリキュラム、歴史上の記念碑などは論争の的になってきた。それらが神聖さに抵触することになったからだ。記念碑を引き倒したり、国民的英雄を汚したりすることは、ある人びとにとっては神聖冒瀆《しんせいぼうとく》に等しいものとなる。

およそ一四〇億年前に発生したビッグバンから世界の歴史を始める歴史家は少数であり、あまり多くはない。しかし、私たちは、地球の長期的な歴史に注目することによって、より広い視座をもつよう促されている。[2] 私たちはみな、さまざまな時間を積み重ねるなかでかたちを整えてきた地球の生態系ならびに局地的な生態系のなかに暮らしている。このことを認識することによって、近隣関係から惑星レベルにまでいたる多様な尺度で、何を共有しているのか、何を共有していないのかについて理解できるようになるだろう。歴史家は、考古学者や人類学者へと変化しているわけではない。私たちの歴史の見方は、本質的に文字の発明以前の初期人類やそのアフリカを脱出する移動によって影響を受けている。グローバリゼーションや移民、そして近代化でさえ、長期的な視座で見れば、異なった姿で見えてくる。私たちは、長期的で広域的な歴史、また詳細で個別化した歴史を必要としており、その中間にあるさまざまな位相と単位をもつ歴史も必要となる。なぜなら私たちは、ローカルな次元からナショナル、そしてグローバルな次元にいたる、多様な位相をもつ世界に暮らしているからだ。

アカデミックな学問としての歴史学は、人類、あるいは少なくとも文字を書くことができて文書を産出することができる人類が歴史研究の対象としてふさわしいという前提に立っている。しかし、歴史家たちは、過去にも現在にも、人類だけで地球上に暮らしてきたわけではないし、人間相互の関連性だけで歴史をつくってきたわけでもないことを、ますます認識するようになっている。人間は暮らしている環境と常に相互作用しているが、そこでは空間を共有する動物や機械とともにあり、人類の生活を可能にし、ときに悲惨なものにする微生物や病原菌とともにある。時間に対するより深遠でかつ広い理解は、人間と環境、動物や機械、そして病気の相互作用を研究するよう歴史家に促すことになった。ハリケーンや疫病、手に負えない動物、コンピュータのクラッシュなどが示しているように、人間はそれらの相互作用を完全に統御しているわけでもない。環境、動物、最近では機械でさえも、世界のなかで独自の主体性をもっている。それらは人間とは独立して行動するし、人間の世界を規定している。そうした相互作用の歴史によって、人間が宇宙の支配者ではないこと、また地球やほかの生物種に対する軽蔑の念がやがて直面するであろう問題を創出することを認識できるようになる。

そのような問題に対する研究は、いたるところに登場してきている。中国では四〇〇〇年前にはよく見られたゾウは、徐々に南のより小規模な地域へと追いやられていった。農民が土地の所有を主張して、森林生息地を破壊し、作物にとっての脅威となり、最後には象牙のために狩猟の対象となったゾウを根絶していったからだった。中世学者は、ヨーロッパにおける水へのアクセスが、定住のパターンや所有権をめぐる紛争を規定したことを証明した。合衆国における先住民研究が証明したのは、一七世紀末に馬を所有する部族があらわれたことが農業や社会への壊滅的な影響をもたらした事実である。「コロンブスの交換」と呼ばれてきたもののなかで、ヨーロッパによる新世界の征服は、ヨーロッパと新世界とのあいだでの植物、動物、疫病、人口の大量移動への道を開いた。数あるなかから、ひとつだけ例をあげるとしよう。一七世紀の地球規模の寒冷化は、ヨーロッパ人に植民地にはけ口を求めるように促した。その一方で、北アメリカでの植民の初期の試みを妨害することにもなった。たとえば、厳しい気候は、ジェームズタウンの入植者に高い死亡率をもたらし、また長期の船旅はいっそう危険なものとなった。全地球的時間に注目することは、歴史的分析のキャンバスを広げてくれるし、新しい歴史像は多くの場合、過去においで馴染みのあるものとは異なっている。

人類、海洋、馬、飛行機、梅毒、バクテリアは、人類がそれらを包摂する時間の枠組を発明したので、同じ時間の枠組を共有している。だが、同じように時間の進展を経験しているわけではないし、時間の流れを進歩として経験してさえいないのである。しかし、より重要なのは、現在や過去における異質な共同体や時間を多様なかたちで概念化してきていることである。歴史研究における新たな視点のなかで、もうひとつの刺激的なものは、時間に関する多様な秩序や経験の研究であろう。私たちはグローバル化しつつある世界に暮らしているが、そこでは同時代性や共時性がますます重要になっている。しかし、標準時刻は一八〇〇年代の末までは存在さえしていなかった。ガス灯の発明前の夜の時間、産業化以前の季節感、無線通信以前の仕事などの経験は、スペイン以前のマヤ王国の時間の観念と同じくらいに現在では異質なものに見える。マヤでは、象形文字で時間の推移を記録していたからである。ヘーゲルと同じように、マヤでは時間を内的な真理が顕在化していくものとして考えていたが、それは直線的な進化ではなかった。彼らにとっての時間というものは、二〇年をひとつの単位とする一三の時期からなる循環を繰り返す円環状のものであった。したがって、歴史は予言としても意味をもつ。循環が永遠に繰り返されるからだ。過去は未来を予見する。[3] 時間の秩序の多様なシステムの歴史は、そうしたシステムが偶発的で可変的であったことを証明してくれており、私たちのシステムも普遍的に有効性をもつものではなく歴史の産物であることを教えてくれるのである。

リスペクトの倫理学

時間を整序する多様な様式を研究することは、環境、動物、病原菌などの歴史から得られる視点をさらに拡大してくれよう。そうした新たな歴史が、家族、共同体、都市、国家、グローバルな地域の一員にとどまらない私たち、すなわち種としての私たちについて考えることを可能にしてくれるからだ。それらは私たちの限界をも知らしめるものとして機能している。人類は、地球上で孤立しては生きていけないからである。いつの日にか、動物がいなくても生きている姿を想像することになるのかもしれない(私自身は飼犬のいない生活など想像しえないが)。しかし、人間は、バクテリア、植物、水、太陽光などなしには、生き延びることはできない。人類の環境との関係の歴史は、長期的な生存のなかでの不可欠な要素としてリスペクトが必要なことを示しているのだ。

リスペクトの倫理学は、ヘーゲルの事例で見たような歴史的な問題についての安易な判断を言いかえたものではない。歴史には、ローカルとグローバルとのあいだ、自分たちの歴史と他者の歴史とのあいだ、アカデミックな歴史と通俗的歴史とのあいだ、また過去と現在とのあいだでさえ、緊張関係が含まれている。これらの緊張関係は克服されることはない。ただ克服に向けての方向性を示すことができるのみである。たとえば、地方史は、どのレベルであろうともより広い文脈に地方を位置づけるときに、最も説得力に満ちたものとなる。地方史という考え方の対極には、諸国民の歴史を超えたグローバルヒストリーがあり、それは、何十、いや何百万もの地域の単位から構成されている。国民国家には地方的次元へ注目する必要もなく研究できる独自の制度が存在する。しかし、グローバルヒストリーには適切な枠組を提供するグローバルな制度がほとんど存在していない。たとえば、ひとりの研究者が人権のグローバルな拡大を研究しようとすれば、国連やさまざまな非政府組織での人権という言葉の使われ方を研究すればこと足りるというわけではない。多くの異なる国での政府そして非政府的領域における人権という言葉の使い方を含めなければならない。グローバルとは、何度も繰り返し掛け合わされたローカルのことをいうのである。

歴史家は史料に沈潜し、史料のなかに新たな水路を掘っていくことを好む。そのことが意味するのは、大統領の自伝であろうとも、アフリカのイスラーム教徒によるサハラ以南ルートの書籍取引であろうとも、特定の鉱脈に沿って掘っていくことなのである。視野狭窄は、業績を残すための専門特化の必要性によって悪化させられてきた職業病である。私の博士論文と最初の書物は、一七八六年から一七九〇年にかけてのフランスのふたつの都市に関心を集中していた。そのことは、ふたつの場所を比較することを意味していたので、同じ国の短い期間であるにもかかわらず、大きな視点であると考えていた。そうした研究対象の選択が意味するのは、官職を保持し、群衆を扇動し、新国民衛兵に参加した地元の人びとの生活を深く検討できることであった。婚姻の契約、関係のネットワーク、クラブの会員権、彼らの住所までも検討した。国民史は、そうした特定の人びとを重要なものとして考察することはないであろう。たしかに、全国的な発展は究極的には何万ものそのような地域の人びとを基盤としている。国民史やグローバルヒストリーは、この種の地方化した歴史によって与えられる基礎的な要素をもとに構築されているのである。

自分たちの歴史と他者の歴史とのあいだにある緊張関係は、同じく新たな知見をもたらしてくれることがある。すべての国民や集団の歴史は、その独自性を確立しようとしている。しかし、アイデンティティの歴史は、同じ語りのパターンに従う傾向にある。つまり、起源を探し、障害を克服する物語で、直面する課題を設定するのである。過去において物語から排除されていた集団への注目は、馴染みの物語を解体し、新たな物語の草稿へとつながっていく。とりわけ入植者の社会では、紛争が激烈なものとなってきた。国民史は入植者を対象とすべきなのだろうか、あるいはまた、取って代わられた人びとを対象とすべきなのか、あるいは双方なのか。どうしたら、ふたつあるいはそれ以上の当事者を描くことができるのか。二〇〇〇年代のオーストラリアでの「先住民の歴史論争」は、重要な事例を提供してくれる。それらが示しているのは、すべてではないにせよ、解決策は緊張関係を議論して討論することからもたらされるものであって、問題をなかったかのようにしても何も生まれないということである(4)。

自分たちの歴史と他者の歴史とのあいだの緊張は、グローバルな規模へと敷衍《ふえん》することができる。これまで見てきたように、西欧の歴史の初期の執筆者たちは、非西欧世界に対する西欧の優越性を前提としてきた。しかし、西欧と他者との関係の歴史を長期にわたって考察することは、ほかの可能性を明るみに出してくれる。ローマ人にとってのヨーロッパとは、野蛮人の住む世界であり、まさに文明のアンチテーゼであった。最終的に西洋世界の起源として想定されるアリストテレスのようなギリシアの思想家の思想は、紀元一一五〇年から一二五〇年頃にアラブ世界を通じてラテン語世界へと翻訳されてきた。多くの歴史家たちは、一一〇〇年から一八〇〇年までの世界の支配的な経済大国は中国であり、ヨーロッパではなかったことでは意見の一致を見ている。国際貿易や環大西洋奴隷貿易、おそらく産業化でさえも、ヨーロッパの関心を刺激したもののほとんどは、ヨーロッパの東方からもたらされる物産への欲求から来ている。最初は、香辛料、のちには最も重要なものとして絹織物、茶、中国の陶磁器、インドのキャラコ〔綿布〕などがそれに当たる。交易、技術力や軍事力、また文化であろうとも、優越性をもつ地域は、地球全体を横断して変遷してきたし、将来においても変化することになるだろう。

アカデミックな歴史と通俗的な歴史の緊張関係は、一八〇〇年代に歴史学の専門職が誕生して以来、多様な形態をとってきた。ウォルター・スコットのベストセラー小説のように通俗的歴史や歴史小説は、一七八九年のフランス革命後の数十年に歴史叙述に対する広範な読者層を引きつけてきた。逆説的なことだが、フランスの革命家たちは、封建制という過去との断絶への強い意志をもって、過去に対する研究を促していった。そうした研究は、あまり馴染みがないもので、既成の歴史とは異なるものに思われたのは間違いなかろう。しかし、その後に歴史が大学を基盤として専門職となるにしたがい、アカデミックな歴史家は通俗的な歴史について、史料的には不十分であり、歴史研究上の議論からすれば独自性がなく、そこから学んでいないものとして扱い始めた。

しかし同時に、自然科学をモデルとした専門化の増大は、アカデミックな歴史叙述をかつてないほど難解で、仲間内の少数の研究者にのみ理解可能なものとしていった。専門化が増大するにつれて、新しい実証研究(この言葉はうんざりする感さえある)の読者は縮小した。たとえば、ウェッブ・オブ・サイエンスによれば、フランス史の私の領域では一九〇〇年から一九一〇年にかけては、英語では一一の書評とひとつの論文が発表された。(5) これに対して、二〇〇〇年から二〇一〇年にかけては、フランス史に関して八四一本の論文と書評が英語で刊行されている。この領域における書物の数は、総数をさらに増やすことだろう。だが、新たな情報や解釈に誰がついていけるのだろう。歴史家たちは、最先端の議論についていくために視点を狭隘化してきたのだ。

さらにいえば、アカデミックな歴史と通俗的な歴史との懸隔は、双方の領域が拡大するにつれて、いまや消滅しつつある。アメリカ歴史協会の歴史学科と組織の年鑑が、博士号を出す一七五の大学と、一万二〇〇〇人の歴史家を目録化している。学問領域としての歴史学は、ルーシー・サーモンがヴァッサー大学で歴史学、経済学、政治学の唯一の講師として登録されていた一八八〇年代とは異なるものとなっている。現在のヴァッサー大学は、歴史学だけでも一四の学科をもっている。しかし、現在の歴史家は、サーモンの時代をある種の郷愁の念をもって回顧している。彼女とその同僚たちは、初等ならびに中等学校で歴史をどう教えるべきかについて積極的な関心をもっていた。そして彼女たちの著作は専門化していなかったために、広範な読者に到達しえたのである。歴史家はアカデミックな立場を手にする過程で何を失ったかについて、より自覚的になっている。そして多くの歴史家は、少なくとも学生たちにとって近づきやすいかたちで歴史を執筆するようになっている。この場合にも、アカデミックな歴史と通俗的な歴史とのあいだの緊張関係は、より望ましい選択肢であるように思われる。歴史家は、新たな情報や解釈に対する専門職としての、あるいは大学としての要求と、その知識をより近づきやすいかたちに変えるという課題とのあいだで道を探らなければならないのだ。

ここで描いてきた緊張関係のうちでも最後のもの、すなわち過去と現在とのバランスをとることは、予期せぬ難しさを示している。私たちがどのようにして現在いるところへとたどり着いたかを知りたいと欲するのは、将来の難題に立ち向かう際に、よりよいかたちでの準備をするためである。しかし、家族、地球、国民のなかで時間を超えた連続性の感覚を保持するために、私たちはかつてどこにいたのかを知ろうとも欲している。不幸なことに、前者の未来をかたちづくることは、後者の連続性の感覚を保持することに暗い影を落とし始めている。しかし、未来は連続性の感覚がなければ意味のないものになってしまう。

学問分野としての歴史学が進化するにつれて、また通俗的歴史とパブリックヒストリーがさらに関心を引きつけるにつれて、歴史学の重心は現在へと移行してきた。すべてのハーヴァード大学の学生がローマ史を選択することが必修であったことなど、いまの私たちには想像できないだろう。教授や一般市民のあいだでは、何が教養ある人びとの知るべきことなのかについて、ほとんど合意はないように見える。定義上、過去を取り扱う歴史学という学問の内部でさえも、研究ははるか遠い過去の世紀ではなく、いまや二〇世紀や一九世紀を対象とすることが頻繁に見られるようになっている。一九七〇年代まで、ヨーロッパや合衆国で偉大なる歴史家として考えられたほとんどの研究者は、国家形成の基礎となる時代、すなわち中世やヨーロッパの一六、一七世紀、合衆国の植民地期や共和政初期について叙述していた。フランスでは、一五世紀のルネサンスからフランス革命までの時期は、依然として「近代」として呼ばれ、一七八九年以降の歴史は「現代」史と呼ばれ、学術研究というよりはジャーナリズムに適合的だという意味をもつ名称となっている。一九世紀史がフランスで足場を固めるのは一九七〇年代のことで、一九九〇年代には二〇世紀史が続いた。いまやフランスの大歴史家は、イギリスや合衆国の歴史家と同じく二〇世紀史について執筆する傾向が強まっている。

およそあらゆる高等教育機関での登録者数が示すように、学生たちは直近の時代についての歴史科目を好む傾向にある。カリスマ的な教師や大学の要請によって古代史や中世史に誘われることも依然としてありうる。しかし、多くの学生が二〇世紀の歴史に殺到している。博士論文もこの傾向にしたがっている。過去一二〇年間の合衆国で執筆された歴史学での博士論文に関する最近の研究によれば、一九五〇年には一〇〇〇の博士論文がその対象領域として、一八〇〇年以前の歴史に関心を寄せていた(合衆国史だけではなく、すべての歴史分野である)。しかし、全体としてみれば、博士論文の圧倒的多数は、一七五〇〜一九五〇年の時期を対象としている(6)。学問分野としての歴史学は、過去において起こったことのほとんどを無視するという危機にある。

「現在主義」は多様な形態をとっており、学生たちの直近の過去への関心というだけではない。それは、過去の人びとを現在の規範で断罪するということを含んでいる。ヘーゲルは、ゲルマン的な自由の概念をすべての諸民族の指標としたという意味で現在主義者だった。しかし、こんにちの世界の理解を共有していないという理由でヘーゲルを批判するとき、私たちは同じく現在主義者となっている。現在主義は、過去との関連で絶えざる緊張をもたらしている。とはいえ、歴史がもし私たちの現在の関心について何も語ってくれなかったとしたら、全く興味をもたれなかっただろう。したがって、適度な現在主義が必要とされている。しかし、現在の観点からのみ過去を眺めるとしたら、私たちの観点を過去に押しつけているにすぎない。現在主義の要素が過剰であると、時代錯誤につながることになろう。つまり、時系列的関係に敬意を払わなくなるのだ。その場合には、過去は単なる自己の内なる鏡像となり、発掘してそこから教訓を引き出すひとつの時空間ではなくなる。しかし、現在主義の要素を軽視することもできない。私たちは、過去を独自の価値観をもって判断しなければならないときがある。ヒトラーを単なる別種の政治家と見なしたり、障がい者、ユダヤ人、ロマ、スラヴ人に対する処遇を別の政策的選択肢として取り扱うことが果たして望ましいのであろうか。現在主義を適度に保つことが、絶えざる課題となる。私たちの選択が絶え間なく議論や論争として取りあげられるならば、そのときに初めて現在主義を適度に保つ可能性を手にすることになるのだろう。

私たちは過去から何を学ぶのだろうか。私にとっては、とりわけ私たちより以前に登場した人びとに対するリスペクトの念であろう。歴史的時間についてのより深遠で広い考え方の登場をもってしても、〔模範の探索と進歩の投影という〕ふたつの先達のアプローチは依然として有効であるし、それぞれが歴史的な知識に対する独特な利用法を提供してくれる。グローバル化する文化は、依然として模範的な事例を探し求めており、それは古代のギリシアやローマだけではなく多くの場所で発見できるものとなる。ギルガメシュ叙事詩、仏陀の格言、儒教の教え、数え切れないアフリカや南米の部族の口承の伝統などは、ほんの数例にすぎない。知恵は、技術変化、人口増大、職業の専門化によって根本的に変えられるものではない。知恵というものは、過去の人びとがどのように難局に立ち向かったのかについて学ぶなかで発見できる。

進歩には疑問が呈されているのかもしれない。しかし、物語を語る行為そのものが、すべての歴史があれこれの物語から構成されているように、始まりと終わり、したがってある種の時間の進行の感覚を必要としている。もちろん、過去のすべてが、無情にも語りの終着点として選んだものにつながっているわけではない。しかし、目的地は物語の語り方に強く影響を与える。どのようにして終着点がやってくるのかを説明することと、その語り方によって選択がなされたという感覚をもつこととのあいだの緊張関係は、歴史を叙述するときに調整しなければならない最も困難なひとつとなっている。選択の感覚がなければ物語は面白くない。しかし、物語は選択にいたる論理がなければ意味をなさない。したがって、私たちは依然として大きな物語を必要としている。しかし、それは進歩の物語である必要はない。そうした物語がどのようなものであるかについて思いをめぐらすことは、歴史を活性化された分野にしている試みのひとつとなっている。

新たな視座が絶え間なくあらわれてきている。生活のなかでメディアがより普遍的な存在となるにつれて、歴史家たちは、あらゆる種類の視覚表象の役割に対して留意するようになり始めている。ひとつの学問分野としての歴史学は、文書史料との関係によって定義されてきた。この視点は消え去ることはないが、いまでは情報を伝えるほかの方法についても考慮されつつある。識字能力のない社会(それは一八〇〇年代末以前のすべての社会を意味する)では、記念碑、練り歩き、行進、聖骨箱、木版画などの視覚資料が、小冊子、論文、公式文書に比べてもより直接的に庶民に語りかけていた。同じように、デジタルな世界の誕生は、新たなアプローチを期待させるものとなる。いまや歴史家は、瞬時に検索を可能とするあらゆる種類の厖大なデータベースへのアクセスを保持しており、その数たるや増大するばかりだ。研究者は、それらをどのように使用するかだけではなく、その信頼性をどのように担保するかということも学ばねばならない。

視覚史やデジタル史のような新領域の台頭は、歴史は未来を予言することはできないが、それがもたらす変化から恩恵を受けることができる、という点を思い起こさせてくれる。私たちの想像力のみが、未来を予測できるのであって、どの予言が正しかったのかは未来が現在となって初めて知ることになる。しかし、いかに不完全ではあっても、私たちは過去を知ることはできる。そこに到達するには、タイムマシーンを必要としていない。必要なのは好奇心や意志の力であって、それによって私たちより前に生きた人びとが世界の意味をどのように理解したのかを学ぶのである。なぜそうしなければならないかは、ローマの政治家キケロが、二〇〇〇年以上も前に説明している。「生まれる前に起こった事柄に対して無知でいることは、子どものままでいることを意味している。なぜなら、人間の一生が価値をもつのは、それが歴史の記録によって先人たちの生きざまのなかに組み込まれた場合に限られるからなのである」[7]。

読書案内

最近、ひとつの学問分野としての歴史学は、ますます自己省察的なものになってきている。したがって読者は、歴史学の現在、過去、未来に関する手引きにはこと欠かないだろう。そのような作品の増加にもかかわらず、多くの歴史系学科では、ひとつの学問分野としての歴史哲学や史学史といった科目を必修とはしなくなっている。歴史家は、みずからの研究領域に専念して、地理的ならびに時代的なものでおよそ定義される独自の分野の議論にほとんどの関心を集中するようになっている。たとえば、古代ギリシア史、清朝末期中国史、南北戦争と再建期の合衆国史、二〇世紀メキシコ史などといった具合である。歴史学の歴史の研究は、ときに史学史(ヒストリオグラフィー)と呼ばれることもあるが、グローバルヒストリーが重視され、西洋とは異なる伝統をもつ歴史叙述を考慮する必要性が叫ばれるようになり、ますます困難になっている。ここにあげるすべての概説書が、最後のものを除いて西洋の歴史叙述に関わるものとなる。

E. H. Carr, *What is History?*, with a new introduction by Richard J. Evans (Houndmills: Palgrave, 2001).〔E・H・カー『歴史とは何か』清水幾太郎訳、岩波書店、一九六二年〕

二〇〇一年に新たな序文が付されて再刊されたときにはすでに四〇年がたっていたが、依然として歴史研究にとって最も活力に満ちて論争的な入門書となっている。特筆に値するのは、因果関係、進歩、そして事実の曖昧な性質に関する記述であるが、何よりも本書は読者を楽しませてくれるものである。

Ludmila Jordanova, *History in Practice*, 2nd edn (London: Bloomsbury Academic, 2006).

　このイギリスで最も守備範囲の広い歴史家による簡潔な書物が最初に刊行されたのは、ちょうどパブリックヒストリーが有名になり始めた頃であり、本書は歴史の研究と叙述についての理解しやすい入門書となっている。とりわけ歴史学をほかの人文科学や社会科学との関連に位置づける点で、また重要であるがしばしば無視されることがある時代区分という論点について強みを発揮している。

John Tosh, *The Pursuit of History: Aims, Methods and New Directions in the Study of History*, 6th edn (London: Routledge, 2015).

　副題がすべてを語ってくれている。この書物は、現代の歴史研究に関連するすべての事項について論じようとしている。明晰かつ徹底的に、歴史学における最近の展開のすべてをかなり深く掘り下げて吟味している。本書はまた、過去と現在の指導的な歴史家について、また重要な概念や用語についての役に立つこぼれ話を提供している。

Sarah Maza, *Thinking about History* (Chicago: University of Chicago Press, 2017).

カーは偉大なる入門書を提供しているが、本書はそれを現代風に刷新している。著者が、歴史に関する現代の論争、そして科学の歴史からモノの歴史まで広範な歴史に対する新たなアプローチを説明することに成功している点は賞賛に値しよう。本書によって、特定の著者とその作品についての理解が増すことだろう。

Georg G. Iggers, Q. Edward Wang, and Supriya Mukherjee, *A Global History of Modern Historiography*, 2nd edn (London: Routledge, 2016).

あまりにも多くのことに挑戦しているために完璧ではないのかもしれないが、世界の歴史研究の多様な伝統を総合する最初の一歩としては不可欠な一冊となっている。歴史へのアプローチの方法を比較するための参考書としては、さらに役に立つかもしれない。しかし、本書はまた、歴史叙述についての新たな考え方を刺激する可能性も秘めている。

＊

入門書に関する上記のリストにはさらに付け加えることができるが、別の類いの書を考察することが有益となろう。それらは、歴史家のあいだで大きな反響を呼んでいる重要な争点を取りあげているからだ。ここにあげるのは、絶えざる知的刺激を与えてくれている作品の一部である。

Joyce Appleby, Lynn Hunt, and Margaret Jacob, *Telling the Truth about History* (New York: W.

W. Norton, 1994).

刊行されてから二〇年以上がたっているが、ここで本書をあげたのは、歴史的真実に関する議論についての論点の説明では、ほかに取って代わるものが存在していないためである。私たちの書物は、歴史の絶対的真理が存在するという考え方と歴史におけるあらゆる真理を否認する考えとの中間的立場をとっている。要するに、暫定的な真理の立場をとっているのだ。お分かりのように、この立場は、本書〔『なぜ歴史を学ぶのか』〕での立場と類似したものであるが、哲学的な争点により注意を払って展開されている。

Dipesh Chakrabarty, *Provincializing Europe: Postcolonial Thought and Historical Difference* (Princeton, NJ: Princeton University Press, 2000).

著者は、歴史研究におけるヨーロッパ中心主義の権威の剥奪を主導してきた。もちろん、こうした動向は著者ひとりの功績ではなかったが、彼の書物はとりわけ影響力を発揮してきた。たぶん彼自身が、ヨーロッパ中心主義的な歴史学に精通しているためであろう。最近では気候変動の歴史に関心を移動させているが、それは私たちが一般的に歴史にアプローチする方法上の重要な変化のシグナルであるのかもしれない。時間がたてばわかるだろう。

Joan Wallach Scott, *Gender and the Politics of History* (New York: Columbia University Press, 1988).〔ジョーン・W・スコット『ジェンダーと歴史学』荻野美穂訳、平凡社、一九九二年〕

もしジェンダー史をひとつの学問分野として確立するうえで決定的となった書をひとつあげるとすれば、この書物がそれに当たるだろう。スコットはいくども批判の対象となってきたが、それはフランスの思想家ミシェル・フーコーとジャック・デリダのいわゆる「ポストモダニズム」を熱狂的に擁護したからだった。しかし、彼女はそのような理論を巧みに用いることで、歴史学のようなかつては退屈な学問であったものを変容させられることを証明してきた。

Stuart Hall, *Cultural Studies 1983: A Theoretical History*, edited by Jennifer Daryl Slack and Lawrence Grossberg (Durham, NC: Duke University Press, 2016).

ホールは、マルクス主義とフランス構造主義に共感しつつも批判し、さらにポストモダニズムと人種への関心を付け加えることで、現在では「カルチュラル・スタディーズ」と呼ばれるものを実質的に発明した。それは、その当時までは、あらゆる形態のフランス理論〔ポスト構造主義〕やマルクス主義にほぼ欠落したものだった。一九八〇年代以降の講義録は、一九八〇年代と一九九〇年代から現在にいたるまでの文学研究者と歴史家を刺激してきた論争についての卓抜した入門書となる。

*

最も刺激的な新しい領域への考察がなければ、読書案内としては不完全なものとなってしまう。

Iain McCalman and Paul A. Pickering, eds., *Historical Reenactment: From Realism to the Affective Turn* (Houndmills: Palgrave Macmillan, 2010).

歴史的な再演は、長らく評価の低い状態が続いたが、一般市民のために、この場合には一般市民によって生み出された歴史の形態について、興味深い問題を投げかけるものである。

Mark Elvin, *The Retreat of the Elephants: An Environmental History of China* (New Haven, CT: Yale University Press, 2004).

この卓抜した研究は人間とゾウとの「戦争」に強調点を置きすぎているともいえるが、著者はゾウの視点から開発というものを理解しようと試みている。

Daniel Lord Smail, *On Deep History and the Brain* (Berkeley: University of California Press, 2008).

スメイルは、歴史的な物事に関する真の意味での挑戦者である。この書物での彼は、文字や伝統的な史料・方法を基盤とする時間の枠組に関心を限定するのをやめるべきだと主張している。脳と身体の化学を歴史分析に導入する神経史学（ニューロヒストリー）を肯定的に論じている。

Peter N. Miller, *History and Its Objects: Antiquarianism and Material Culture since 1500* (Ithaca,

NY: Cornell University Press, 2017).

本書はモノと時間にこだわりつつ、ほとんどの歴史研究と異なり、個人的な発話として執筆されている。したがって、そうした紙幅のなかで簡潔に提起されている論点をさらに探究するにはよい機会を与えてくれよう。

訳者あとがき

フェイクニュースや歴史修正主義の氾濫、そしてトランプ政権の誕生。二一世紀の初頭において「真理」や「真実」という概念が希釈化されていくような時代に、歴史学には何ができるのであろうか。そうした問いに対する解答の手がかりを与えてくれるような書物が刊行された。著者リン・ハントは、フランス革命史を専門とする歴史家であり、言語や表象などに焦点を当てフランス革命に対する政治文化論的アプローチを推進してきたが、現在はグローバルな視座のなかでの革命の意義を再定義する試みをおこなっている。またアナール学派の相対的地位が低下するなか、世界の歴史学をリードしているアメリカ歴史学界にあって、常に歴史学の理論的・方法論的革新を意識しながら知的探究を進めてきた気鋭の歴史家といえる。事実、彼女はアメリカ歴史協会の会長職を務めるなど、文字通りその中心に位置してきた。

原著は、Lynn Hunt, *History: Why it Matters* (Cambridge: Polity Press, 2018)。英国ポリティ出版社より、学問のアクチュアリティを問うことを謳った“Why it Matters”シリーズの第一回配本の書として出版されている。ポリティ出版社の案内によれば、本シリーズは、「簡潔かつ迫真の書において、世界の指導的思想家たちがみずからの学問分野の重要性を主張し、新たな世代の学生・研究者たちを覚醒しようとするものである」とされる。

屋上屋を重ねることになると思われるが、本書の内容を要約すれば、以下のようになろうか。

第1章は、トランプ政権誕生の際にみられたようにフェイクニュースが横行するなかで、歴史というものが過剰に政治化されている現状を問題化する。記念碑・教科書・記憶をめぐる論争が続き、歴史学のなかでもパブリックヒストリーという歴史意識の構築にかかわる分野が登場している事態を活写する。ならば、そもそも歴史学とはどのような学問なのだろうか。

第2章では、事実の確定や解釈の構成にいたる歴史学の基本的ルーティーンを確認している。ヨーロッパ中心主義から離脱する過程で多くの隠された「真実」が明らかにされたように、ここでは歴史的真実とは暫定的な性格を帯びざるをえないものであるというポストモダン的主張が採用されている。

第3章では、歴史学の進歩がシティズンシップ(市民権)の拡大と結びついていたことを指摘する。一九世紀の歴史学の目的は、将来のエリートに対する教養を提供することにあり、主として古代ギリシアやローマの歴史を伝授していた。二〇世紀初頭、歴史学の役割は国民統合に向けた手段に変化し、高等教育がエリート層以外にも広く開放されると、労働者・女性・移民などを研究や叙述の対象として拡大していった。

第4章では、グローバル化のなかで相互依存が深まる世界にあって、環境史や気候変動の歴史の観点から地球の歴史を捉える視座を紹介し、そこでの「他者へのリスペクト」を基礎にすえる歴史観を提出する試みをおこなっている。公民権運動の時代に歌われたアレサ・フランクリンの名曲「リスペクト」を意識してか、「リスペクトの歴史学」を提唱するハントによれば、現在の諸問題に対する謙虚な姿勢、排外主義に対する批判的態度、他民族や他文化に対する開かれた態度などを涵養《かんよう》する歴史学は、専制政治に対する最良の防衛策となるのである。

本書については、すでに書評もいくつか登場している。ハーヴァード大学のジル・ルポールによれば、「歴史研究の起源、目的、方法についての、洗練され、簡潔だが含蓄のある、必要不可欠な言明ともいえる書であり、E・H・カーの『歴史とは何か』の二一世紀版である」とされ、英国学士院の碩学デヴィッド・キャナダインは、「歴史とは何か、なぜ歴史が重要なのか、誰が誰のために歴史を書いているのか。この時宜をえた書物のなかで、リン・ハントは、それらの問題がなぜ重要であるかを語るだけではなく、論争をはらみながらも卓抜したかたちでそれに解答を与えている」と述べている。前著『グローバル時代の歴史学』(拙訳、岩波書店、二〇一六年)は、現代歴史学をグローバルヒストリーと文化史の観点から俯瞰する試みであったが、本書は学問を市民社会に向けて開いていく際に直面する論点に絞って、歴史学のもつ可能性について探求した書ともいえる。ハントの背景となるアメリカ合衆国と同様の問題状況が散見されるこの日本において、多くの読者に対して紹介が求められると考えたのが、翻訳を試みたゆえんである。
翻訳にあたっては、いつもの通り、北海道大学の大学院ならびに学部の演習にて、院生・学部生諸氏の協力を得ながら訳文を作成した。また同僚や友人の先生がたからは、貴重な時間を割いて多くの御教示をいただいた。そして岩波書店編集部の石橋聖名さんには、適宜アドヴァイスをいただき、訳業を円滑に進めることができた。これらすべての人びとに心より感謝を申し上げたい。

長谷川貴彦

二〇一九年八月

リン・ハント（Lynn Hunt）
1945年生まれ．カリフォルニア大学ロサンゼルス校名誉教授．著書に『人権を創造する』（松浦義弘訳，岩波書店），『フランス革命の政治文化』（松浦訳），『フランス革命と家族ロマンス』（西川長夫ほか訳，以上，平凡社），『グローバル時代の歴史学』（長谷川貴彦訳），編著に『文化の新しい歴史学』（筒井清忠訳，以上，岩波書店）など多数．

長谷川貴彦
1963年生まれ．北海道大学大学院文学研究院教授．専門はイギリス近現代史，歴史理論．著書に『イギリス現代史』（岩波新書），『現代歴史学への展望――言語論的転回を超えて』（岩波書店），『イギリス福祉国家の歴史的源流――近世・近代転換期の中間団体』（東京大学出版会）など，訳書にソニア・O・ローズ『ジェンダー史とは何か』，ピーター・バーク『文化史とは何か（増補改訂版）』（以上，法政大学出版局）など多数．

なぜ歴史を学ぶのか　　リン・ハント

2019年10月17日　第1刷発行
2024年12月25日　第10刷発行

訳　者　長谷川貴彦《はせがわたかひこ》

発行者　坂本政謙

発行所　株式会社 岩波書店
〒101-8002 東京都千代田区一ツ橋2-5-5
電話案内 03-5210-4000
https://www.iwanami.co.jp/

印刷・理想社　カバー・半七印刷　製本・牧製本

ISBN 978-4-00-024179-3　　Printed in Japan

索　引

ア行

カ行

サ行

タ行

ナ行

ハ行

マ行

ヤ行

ラ・ワ行

注

第1章

(1) Josh Voorhees, "All of Donald Trump's Birther Tweets"(Slate.com, September 16, 2016). 以下で閲覧可能. https://slate.com/news-and-politics/2016/09/donald-trumps-birther-tweets-in-order.html.

(2) Carole Cadwalladr, "Antisemite, Holocaust Denier . . . yet David Irving Claims Fresh Support"(Guardian, January 15, 2017). 以下で閲覧可能. https://www.theguardian.com/uk-news/2017/jan/15/david-irving-youtube-inspiring-holocaust-deniers.

(3) Karl Vick, "Iran's President Calls Holocaust 'Myth' in Latest Assault on Jews"(Washington Post, December 14, 2005). 以下で閲覧可能. http://www.washingtonpost.com/wp-dyn/content/article/2005/12/14/AR2005121402403.html

(4) Emma Green, "The World is Full of Holocaust Deniers"(The Atlantic, May 14, 2014). 以下で閲覧可能. https://www.theatlantic.com/international/archive/2014/05/the-world-is-full-of-holocaust-deniers/370870/

(5) Stephen A. Kippur, *Jules Michelet: A Study of Mind and Sensibility* (Albany, NY: SUNY Press, 1981).

(6) *Time*, vol. 36(September 11, 1940): 62.

(7) Rupert Wingfield-Hays, "Japanese Revisionists Deny WW2 Sex Slave Atrocities"(BBC News, August 3, 2015). 以下で閲覧可能. http://www.bbc.com/news/world-asia-33754932.

(8) Gi-Wook Shin and Daniel C. Sneider, eds., *History Textbooks and the Wars in Asia: Divided Memories*(New York: Routledge, 2011).

(9) Frances Helyar, "Political Partisanship, Bureaucratic Pragmatism and Acadian Nationalism: New Brunswick, Canada's 1920 History Textbook Controversy," *History Education*, 43: 1(2014): 72–86.

(10) Raphaël Granvaud, "Colonisation et décolonisation dans les manuels scolaires de collège en France," Cahiers d'histoire. Revue d'histoire critique, 99(April 1, 2006): 73–81.

(11) Will Dahlgreen, "The British Empire is 'Something to be Proud of'" (YouGov. co. UK., July 26, 2014). 以下で閲覧可能. https://yougov.co.uk/news/2014/07/26/britain-proud-its-empire.

(12) Tom Engelhardt and Edward T. Linenthal, "Introduction: History Under Siege," in Edward T. Linenthal and Tom Engelhardt, eds., *History Wars: The Enola Gay and Other Battles for the American Past* (New York: Henry Holt, 1996), p. 4; Mike Wallace, "Culture War, History Front," in *ibid*., pp. 185, 187.

(13) Warren Leon and Roy Rosenzweig, eds., *History Museums in the United States: A Critical Assessment*(Urbana: University of Illinois Press, 1989).

(14) Adrian Vickers, "Where Are the Bodies: The Haunting of Indonesia," *The Public Historian*, 32: 1 (2010): 45–58.

(15) Audrey R. Chapman and Hugo van der Merwe, eds., *Truth and Reconciliation in South Africa: Did the TRC Deliver?*(Philadelphia: University of Pennsylvania Press, 2008).

(16)「ローマ再生」プロジェクトの予告編に関しては，以下を参照. https://www.youtube.com/watch?v=28b8FgCUUoQ. ベルゲンに関しては，https://www.youtube.com/watch?v=YP__1eHeyo4. Projet Bretez (eighteenth-century Paris). 以下で閲覧可能. https://sites.google.com/site/louisbretez/home.

第2章

(1) Leopold von Ranke, *The Theory and Practice of History*, ed. with an introduction by Georg G. Iggers(London: Routledge, 2010), pp. 85–6.〔山中謙二訳『ローマ的・ゲルマン的諸民族史(上)〈ランケ選集　第2〉』千代田書房，1948年，13–16頁〕. 注記に関しては，以下を参照. Anthony Grafton. *The Footnote: A Curious History*(Cambridge, MA: Harvard University Press, 1999).

(2) Gabriele Lingelbach, "The Historical Discipline in the United States: Following the German Model?" in Eckhardt Fuchs and Benedikt Stuchtey, eds., *Across Cultural Borders: Historiography in Global Perspective*(Lanham, MD: Rowman & Littlefield), p. 194.

(3) Dipesh Chakrabarty, *Provincializing Europe: Postcolonial Thought and Historical Difference* (Princeton, NJ: Princeton University Press, 2000), p. 28.
(4) Qadri Ismail, "(Not) at Home in (Hindu) India: Shahid Amin, Dipesh Chakrabarty, and the Critique of History," *Cultural Critique*, 68: 1 (2008): 210–47, quote p. 214.
(5) Chase F. Robinson, *Islamic Historiography* (Cambridge: Cambridge University Press, 2003), p. 143.
(6) Partha Chatterjee, "Introduction: History and the Present," in Partha Chatterjee and Anjan Ghosh, eds., *History and the Present* (London: Anthem Press, 2006), p. 1.
(7) Partha Chatterjee, *Empire and Nation: Selected Essays* (New York: Columbia University Press, 2010), p. 26 (essay first published in 1991).
(8) John S. Brownlee, *Japanese Historians and the National Myths, 1600–1945: The Age of the Gods and Emperor Jinmu* (Vancouver: UBC Press, 1997), pp. 82, 157.
(9) David Saville Muzzey, *An American History* (Boston: Ginn, 1920), p. 20.
(10) Georg Wilhelm Friedrich Hegel, *The Philosophy of History*, trans. J. Sibree (New York: Colonial Press, 1900), pp. 104 and 441〔長谷川宏訳『歴史哲学講義』岩波文庫，2003 年，(上)176 頁，(下)324–26 頁〕.

第 3 章

(1) George Kitson Clark, "A Hundred Years of the Teaching of History at Cambridge, 1873–1973," *The Historical Journal*, 16: 3 (1973): 535–53, quote p. 540.
(2) Henry Adams, *The Education of Henry Adams: An Autobiography* (Boston: Houghton Mifflin Company, 1918), p. 302〔刈田元司訳『ヘンリー・アダムズの教育』八潮出版社，1971 年，319–20 頁〕.
(3) American Historical Association, "The Study of History in Schools (1898): A Report to the American Historical Association by the Committee of Seven, 1898." 以下で閲覧可能．https://www.historians.org/about-aha-and-membership/aha-history-and-archives/archives /the-study-of-history-in-schools.

(4) Maxine Berg, *A Woman in History: Eileen Power, 1889–1940*(Cambridge: Cambridge University Press, 1996), p. 108.

(5) Robert B. Townsend, "What the Data Reveals about Women Historians"(American Historical Association, May 2010). 以下で閲覧可能. https://www.historians.org/publications-and-directories/perspectives-on-history/may-2010/what-the-data-reveals-about-women-historians.

(6) Royal Historical Society, "Gender Equality and Historians in UK Higher Education"(January 2015). 以下で閲覧可能. https://royalhistsoc.org/wp-content/uploads/2015/02/RHSGenderEqualityReport-Jan-15.pdf

(7) Carl Bridenbaugh, "The Great Mutation," *The American Historical Review*, 68: 2(1963), 315–31, quotes pp. 322–3, 328.

(8) Stuart Hall (with Bill Schwarz), *Familiar Stranger: A Life Between Two Islands*(Durham, NC: Duke University Press, 2017), pp. 157–8.

(9) Robert B. Townsend, "The Rise and Decline of History Specializations over the Past 40 Years"(American Historical Association, December 2015). 以下で閲覧可能. https://www.historians.org/publications-and-directories/perspectives-on-history/december-2015/the-rise-and-decline-of-history-specializations-over-the-past-40-years.

(10) すべての事例について，大学のウェッブサイトを閲覧した。ケンブリッジ大学に関しては，歴史学の教授の主たる関心の領域を数えた。ウォーリック大学に関しては，専門家を発見するオンラインシステムを利用したが，そこでは教員はひとつ以上の関心の領域を記載している。シドニー大学に関しては，すべての研究教育スタッフを数えた。

(11) たとえば，飛び級試験の基準に関する論争は，Lauren Gambino, "Oklahoma Educators Fear High School History Bill Will Have 'Devastating' Impact"(Guardian, February 20, 2015). 以下で閲覧可能. https://www.theguardian.com/us-news/2015/feb/20/oklahoma-ap-history-bill-devastating-dan-fisher. 黒衣連隊に関しては，以下を参照. http://www.blackrobereg.org.

(12) https://www.dcu.ie/stem_education_innovation_global_studies/events/2017/May/HEIRNET-2017-Conference.shtml.

第4章

(1) Hegel, *The Philosophy of History*, pp. 103 and 105.〔長谷川宏訳『歴史哲学講義』岩波文庫，2003年，(上)176頁，178頁〕.

(2) 歴史を時間的にはるか彼方に遡及する試みの最も影響力のあるものとして，David Christian, *Maps of Time: An Introduction to Big History* (Berkeley: University of California Press, 2011).

(3) Nancy M. Farriss, "Remembering the Future, Anticipating the Past: History, Time, and Cosmology among the Maya of Yucatan," *Comparative Studies in Society and History*, 29: 3(July 1987): 566–93.

(4) Bain Attwood, *Telling the Truth about Aboriginal History*(Crows Nest, New South Wales: Allen & Unwin, 2005).

(5) https://webofknowledge.com.

(6) Ben Schmidt, "What Years Do Historians Write About?"(Sapping Attention, May 9, 2013). 以下で閲覧可能. http://sappingattention.blogspot.com/2013/05/what-years-do-historians-write-about.html.

(7) Peter G. Bietenholz, *Historia and Fabula: Myths and Legends in Historical Thought from Antiquity to the Modern Age*(Leiden: Brill, 1994), p. 57.